AF471430

COURS

DE

COMPTABILITÉ

OUVRAGES DU MÊME AUTEUR

Traité théorique et pratique des Opérations de banque. — Quatrième édition. Un volume in-8°.

Traité théorique et pratique des Entreprises industrielles ou **Manuel des affaires.** — Seconde édition. Un volume in-8°.

Traité théorique et pratique d'Économie politique. — Seconde édition. Deux volumes in-8°.

Études sur la Science sociale. — Un volume in-8°.

Leçons élémentaires d'Économie politique. — Un volume in-18 jésus.

Traité sommaire d'Économie politique. — Un volume in-18 jésus.

Imprimerie générale de Ch. Lahure, rue de Fleurus, 9, à Paris.

COURS

DE

COMPTABILITÉ

PAR

J. G. COURCELLE-SENEUIL

OUVRAGE RÉDIGÉ CONFORMÉMENT
aux programmes officiels de 1866
POUR L'ENSEIGNEMENT SECONDAIRE SPÉCIAL
(DEUXIÈME ANNÉE)

PARIS
LIBRAIRIE DE L. HACHETTE ET Cie
BOULEVARD SAINT-GERMAIN, N° 77

1867

EXTRAIT DES PROGRAMMES OFFICIELS

DE

L'ENSEIGNEMENT SECONDAIRE SPÉCIAL.

COMPTABILITÉ.

DEUXIÈME ANNÉE.

EXERCICES PRÉPARATOIRES A LA TENUE DES LIVRES [1].

Le Code de commerce (articles 8 et 9) prescrit trois livres : le livre journal, le livre des inventaires et le livre-copie de lettres. Le législateur, en exigeant la tenue de ces registres, a voulu que le commerçant fût toujours prêt à fournir à la justice les éléments nécessaires pour qu'elle puisse toujours contrôler ses actes de commerce et établir ses comptes, tout en lui laissant le choix du mode de comptabilité. — Le commerçant entend par livres *principaux*, le journal, le livre des inventaires et le grand-livre ; les autres, qui sont plutôt du domaine de la comptabilité que de celui de la tenue des livres, s'appellent livres *auxiliaires*.

Les *livres auxiliaires* les plus usités dans le commerce sont : les livres d'achats, de ventes, de commissions, d'entrée et de sortie des marchandises, de caisse, d'enregistrement des effets à recevoir, d'enregistrement des effets à payer, les carnets d'échéance

1. Le professeur doit se proposer ici de compléter pour ses élèves les connaissances préparatoires dont ils auront besoin, afin de comprendre rapidement la tenue des livres qu'on leur enseignera l'année suivante.

des effets à recevoir et des effets à payer, le livre-copie de lettres et son répertoire.

Le professeur fera comprendre aux élèves l'utilité et la manière de tenir chacun de ces registres et les exercera à les établir eux-mêmes.

Il expliquera le *bordereau d'escompte*, le *bordereau de rechange*, et le *compte de retraite*, et habituera les élèves à dresser eux-mêmes ces divers comptes en leur proposant des exercices nombreux.

Études des *Comptes courants portant intérêts*. — Trois méthodes : directe, indirecte et hambourgeoise.

Deux manières de calculer les intérêts : par les parties aliquotes et par les nombres. — Différents cas : échéances antérieures à l'époque de l'arrêté du compte, arrivant le jour même de l'arrêté du compte, postérieures au règlement du compte ; — changes de place ; — commissions de payement, d'encaissement, sur dispositions, sur acceptations ; retours dont les remises figurent dans le compte que l'on dresse, retours dont les remises figuraient dans un compte établi précédemment.

La *méthode directe* est ainsi appelée parce qu'elle consiste à calculer *directement* les intérêts courus. — Après avoir expliqué les différents cas de retours, il sera bon de donner aux élèves une formule générale qui leur fasse connaître comment on doit opérer pour : 1° compter les *jours noirs* ou *rouges;* 2° calculer les intérêts au moyen des nombres ou des parties aliquotes; 3° balancer les *intérêts* ou les *nombres rouges ;* 4° balancer les *intérêts* ou les *nombres noirs ;* 5° passer la différence des *intérêts noirs* dans la colonne des capitaux, du côté le plus fort en *intérêts noirs ;* 6° porter les commissions de payement aux capitaux du côté même où se trouvent les sommes qui les produisent ; 7° porter les commissions d'encaissement et les changes de place du côté opposé à celui où se trouvent les sommes qui les occasionnent ; 8° balancer les capitaux ; 9° arrêter le compte ; 10° enfin le rouvrir par le solde à nouveau.

La *méthode indirecte* consiste à calculer les intérêts non courus sur chaque capital et les intérêts de la durée du compte sur la balance des capitaux pour arriver *indirectement* à trouver les intérêts courus. — Cette méthode est fondée sur ce que les intérêts d'un compte courant se composent d'intérêts courus et d'intérêts non courus, et que, si l'on calcule d'une part les intérêts non courus, et d'autre part les intérêts de la durée du compte, la différence doit exprimer essentiellement les intérêts courus. —

Cette méthode a été inventée dans le but : 1° d'éviter, dans le plus grand nombre de cas, l'emploi de l'encre rouge dont on se sert dans la méthode directe; 2° de préparer les comptes à l'avance, sans avoir besoin de connaître l'époque du règlement. — Expliquer les cas : où il n'y a de capitaux qu'au doit ou à l'avoir ; où la somme des capitaux est égale au doit et à l'avoir, et donner une formule générale pour établir les comptes d'après la méthode indirecte.

La *méthode hambourgeoise*, ainsi nommée parce que, sans doute, elle a été employée d'abord à Hambourg, est encore en usage dans quelques Villes Libres Hanséatiques, de l'Allemagne, de la Suisse et de l'Alsace. — Les comptes qui s'établissent entre deux maisons d'après cette méthode se font par correspondance, chaque fois que l'une d'elles traite une opération qui se passe au doit ou à l'avoir de l'autre, et c'est la maison qui fait l'opération qui dresse le compte. De plus, chaque compte a pour époque de règlement l'échéance de l'opération qui l'occasionne. — Indiquer la formule pratique.

L'étude importante des comptes courants portant intérêts exige de nombreux exercices.

Enseigner à tenir la *main courante*, que l'on appelle aussi *brouillard* ou *mémorial :* c'est une étude des plus intéressantes et des plus propres à former le jugement des élèves. — Son objet, — son utilité dans les maisons qui peuvent y inscrire toutes leurs opérations à mesure qu'elles se traitent, et dans les maisons où elle n'est employée que pour les règlements de compte. — Expliquer la *réglure*, qui ne diffère en rien de celle du journal ; — elle se compose de raies grises et de raies à l'encre noire, bleue ou rouge. — Indiquer d'une manière très-précise la destination de chacune des raies ou des colonnes verticales.

L'arrangement et la rédaction des articles de la main courante doivent être conçus de telle manière que les opérations soient comprises du premier coup d'œil par le teneur de livres, qui les transforme en articles de journal. — Le libellé des articles ne doit rien contenir de diffus ou d'oiseux ; — il se compose de trois choses : la date, l'explication et l'énumération. — La date comprend le quantième, le mois et l'année, rien de plus. — L'explication indique la nature de l'opération, la raison de commerce de la maison avec laquelle l'opération est faite, la place où cette maison exerce son commerce et les conditions du marché ; — la nature de l'opération s'exprime au moyen d'un participe passé employé à la voix active, comme *acheté*, *vendu*, *payé*, *reçu*, etc.

— L'énumération s'entend des détails essentiels des objets de commerce : — s'il s'agit de marchandises, elle fait connaître la quantité, la désignation, le prix et le produit ; — s'il s'agit d'effets de commerce, le numéro, la place où il est payable, l'échéance et la somme, et ainsi des autres — Les colonnes de chiffres se comptent en allant de droite à gauche : la première, appelée colonne extérieure, est destinée à recevoir en francs et centimes le résultat de chaque opération, qui n'y figure jamais qu'une fois, lors même que l'article est complexe ; les autres sont des colonnes intérieures, dont il importe de bien faire connaître l'emploi.

On ne saurait trop exercer les élèves à porter à la main courante des achats, des ventes, des règlements, des escomptes et des négociations d'effets de commerce, etc., car c'est en disposant les articles à la main courante que les jeunes gens se forment à l'intelligence des opérations et se préparent à bien libeller les articles du journal dont ils auront à s'occuper dans le cours de la troisième année d'enseignement.

COMPTABILITÉ.

(SECONDE ANNÉE.)

DEUXIÈME PARTIE.

EXERCICES PRÉPARATOIRES A LA TENUE DES LIVRES.

Maintenant que nous connaissons le sens des principaux termes spéciaux au commerce, la forme et l'emploi des documents sur feuilles volantes qu'emploient les commerçants, nous allons étudier les livres dont ils se servent en dehors de la comptabilité proprement dite et la manière de tenir les comptes courants portant intérêt. Ensuite il sera facile d'aborder sans obstacle l'étude de la tenue des livres.

LIVRES DIVERS.

Les commerçants distinguent entre leurs livres des livres *principaux* et des livres *auxiliaires*. Les principaux, qui comprennent la comptabilité proprement dite et dont nous nous occuperons lorsque nous étudierons la tenue des livres, sont le journal, le grand-livre et le livre des inventaires. Les autres livres dont nous allons parler sont des *auxiliaires*, des recueils de notes dont les écritures se trouvent plus ou moins résumées sur les livres principaux.

Les articles 8 et 9 du Code de commerce sont ainsi conçus : « Tout commerçant est tenu d'avoir un livre journal qui présente jour par jour ses dettes actives et passives, les opérations de son commerce, ses négociations, acceptations ou endossements d'effets et généralement tout ce qu'il reçoit et paye à quelque titre que ce soit, et qui énonce mois par mois les sommes employées à la dépense de sa maison ; le tout indépendamment des autres livres usités dans le commerce, mais qui ne sont pas indispensables. Il est tenu de mettre en liasse les lettres missives qu'il reçoit et de copier sur un registre celles qu'il envoie. Il est tenu de faire tous les ans, sous seing privé, un inventaire de ses effets mobiliers et immobiliers, de ses dettes actives et passives, et de le copier année par année sur un registre spécial à ce destiné. » Ces livres, ajoute l'article 10, seront tenus par ordre de dates, sans blancs, lacunes ni transports en marge.

En portant ces dispositions, le législateur a voulu que les commerçants fussent en état de justifier de leurs opérations chaque fois qu'il serait nécessaire et a admis les preuves tirées de livres réguliers. Il est allé plus loin et, considérant comme une présomption de mauvaise foi le défaut de livres régulièrement tenus, a traité comme banqueroutier le commerçant qui, ne pouvant satisfaire ses créanciers, n'expliquerait pas sa position par des livres en forme.

Les maisons importantes et bien dirigées vont bien au delà des prescriptions du Code de commerce et établissent leurs écritures de manière à ce que le chef puisse à chaque instant s'y renseigner sur l'ensemble de ses opérations, sur chaque série d'opérations et sur chaque opération particulière.

Livres de correspondance.

La *correspondance*, formée par l'ensemble des lettres écrites et des lettres reçues par une maison de commerce, contient ordinairement le témoignage des engagements pris envers les tiers et des engagements pris par les tiers envers la maison de commerce : elle sert à faire preuve en justice en cas de contestation et fournit les notes premières sur lesquelles sont passés un très-grand nombre d'articles de la comptabilité.

Le *livre-copie de lettres* ou, par abréviation *le copie de lettres*, est donc le premier des livres auxiliaires, non-seulement parce que sa tenue est prescrite par le Code de commerce, mais à cause de son importance propre, puisqu'il contient l'historique de la plupart des opérations de la maison.

En effet, non-seulement il constate les opérations faites au dehors, mais la plupart des commerçants ont adopté l'usage excellent de donner la forme de lettre aux engagements qu'ils contractent, même sur place, de telle sorte que leur copie de lettres est comme une collection des actes sous seing privé souscrits par eux.

Le livre-copie de lettres est une copie littérale des lettres signées par la maison, transcrites par jour les unes à la suite des autres.

Autrefois ces copies étaient faites à la main : aujourd'hui ce sont des décalques de la lettre originale faits au moyen de la presse à copier, chaque jour, avant l'expédition de la correspondance.

Les registres qui contiennent le livre-copie de lettres sont ordinairement du même format que le papier à lettre employé par le commerce, de telle sorte que la transcription ait lieu sans difficulté page pour page.

Pour faciliter les recherches, les livres-copies de lettres sont paginés; chaque lettre copiée y reçoit un numéro d'ordre, et lorsqu'un registre est rempli, on écrit au dos, sur une fiche de papier blanc collée à la reliure, le numéro de la première lettre et celui de la dernière lettre décalquées sur ce registre.

Le livre-copie de lettres est accompagné d'un index appelé *répertoire*. C'est un registre composé d'un petit nombre de feuillets, ordinairement trente, dont vingt-quatre portent à la tranche chacun une lettre de l'alphabet. Sur chacune de ces pages on inscrit les correspondants dont le nom commence par la lettre à laquelle la page est affectée. A la suite du nom du correspondant, on écrit les numéros des lettres qui lui ont été adressées et la page du registre où elles se trouvent copiées. Cette inscription a lieu au moment même où chaque lettre est décalquée. On comprend sans peine que les maisons qui ont de nombreux correspondants emploient des répertoires plus volumineux où chaque lettre de l'alphabet occupe deux ou plusieurs pages. Quelques maisons préfèrent classer leurs lettres par lieux de destination et avoir deux ou plusieurs copies de lettres et autant de répertoires.

Ordinairement l'employé chargé du copie de lettres inscrit le numéro d'ordre sur la lettre et sur le livre au moment même où il la décalque et l'annote aussitôt au répertoire. Quelques maisons inscrivent au dos de chaque registre, au lieu du premier et du dernier numéro des lettres qu'il contient, un numéro d'ordre et disent : « tome, 1, 2, 3, etc. » Alors il faut que le numéro du tome soit inscrit au répertoire avec le numéro de la lettre et celui de la page sur laquelle elle se trouve copiée.

On comprend sans peine qu'avec un copie de lettres ainsi tenu les recherches soient faciles. Supposons que, pour lever un doute, on ait besoin de trouver la lettre écrite autrefois à Léon-Charles. On prend le répertoire et on l'ouvre à la lettre L. Là se trouve inscrit le nom de Léon-Charles et à la suite l'indication des lettres qui lui ont été adressées.

On trouve sans peine dans ces lettres, toujours en assez petit nombre, celles dont on a besoin. On est dans l'usage de commencer les recherches par la dernière et de suivre en remontant l'ordre des dates.

Si l'on a des correspondants auxquels on écrive fréquemment, journellement, par exemple, on leur réserve une place plus grande, soit une page, au répertoire où on inscrit, outre les indications données plus haut, la date d'envoi de chaque lettre.

Le répertoire du copie de lettres est ordinairement réglé sur trois colonnes. La première est destinée à recevoir l'indication de la ville où réside le correspondant, la seconde le nom du correspondant et la troisième, qui comprend la moitié de la page à droite, les numéros des lettres ou les pages du livre-copie de lettres. Mais cette réglure n'a rien de rigoureux, car on réserve ordinairement plusieurs lignes aux correspondants importants, et la seconde ligne et les suivantes sont destinées tout entières à l'inscription des numéros.

Les lettres de commerce doivent être rédigées en style simple, clair et précis, avec autant de concision que possible, sans phrases ni termes inutiles. Elles contiennent ordinairement des formules qui étonnent les gens du monde, comme la mention des lettres reçues et de leur date, des ordres donnés, etc. Ces mentions ont une grande utilité, parce qu'elles lient ensemble les lettres envoyées et les lettres reçues, de manière à faire des unes et des autres un seul texte dont la lecture éclaire tout d'abord d'une lumière complète les opérations qui ont eu lieu entre les deux correspondants. Au moyen de ces mentions, les lettres reçues et les lettres envoyées forment une sorte de livre tenu sans blancs ni lacunes.

Les lettres reçues sont ordinairement conservées, non pas en liasses, comme dit le Code de commerce, d'après l'ancienne pratique, mais tantôt dans des reliures mobiles, tantôt et le plus souvent dans des cartons ou casiers.

En tout cas, elles sont numérotées par ordre de date de réception et enregistrées sur un répertoire semblable à celui du livre-copie de lettres.

Lorsqu'on emploie la reliure mobile, les lettres y sont placées tout ouvertes à mesure qu'on les reçoit à la suite les unes des autres et paginées, puis enregistrées au répertoire. Elles forment alors un livre exactement semblable au copie de lettres.

Lorsque ces lettres sont placées dans des cartons ou dans des casiers, elles sont ordinairement séparées par ordre alphabétique, d'après le nom des signataires, puis placées, dans l'ordre de la date de réception, dans des feuilles de gros papier appelées *chemises*, qui forment des enveloppes analogues aux reliures mobiles. Les lettres, ainsi classées, sont mises dans des cartons ou casiers qui portent extérieurement les lettres de l'alphabet auxquelles appartiennent les lettres missives qu'on y a placées. On augmente ou on diminue, selon les besoins, le nombre des chemises. Celles-ci portent extérieurement l'indication d'une lettre de l'alphabet, si elles contiennent des lettres de divers correspondants ou le nom même du correspondant si elles sont destinées à recevoir les lettres d'un seul. Les recherches sont toujours faciles avec les cartons ou casiers bien tenus, même sans répertoire.

Souvent les lettres placées dans les casiers ou cartons sont doublées dans le sens de la longueur du papier. On soin en ce cas d'inscrire en dehors de la manière la plus visible la date de la lettre et même, pour prévenir les inconvénients qui pourraient résulter de son mélange avec d'autres lettres, le nom du correspondant duquel elle émane.

Les autres livres auxiliaires, dont l'usage est le plus général dans le commerce, sont : le livre de caisse, le livre d'enregistrement des effets à recevoir, le livre d'enregistrement des effets à payer, les carnets d'échéance des effets à payer et des effets à recevoir, les livres de commissions, d'achats, de vente et de magasin.

Livre de Caisse.

Le livre de caisse est ordinairement un registre de petite ou moyenne grandeur, dont chaque page est réglée par une colonne de dates à gauche et une colonne de caisse à droite, de la manière suivante :

La page gauche ou du verso est destinée à l'inscription par ordre de dates de toutes les sommes que la maison de commerce reçoit, et la page droite ou du recto à l'inscription par ordre de dates de toutes les sommes que la maison paye. Le livre de caisse est, par conséquent folioté, de telle sorte que les deux pages placées en face l'une de l'autre portent le même numéro d'ordre.

Chaque somme reçue, comme chaque somme payée, est inscrite à l'instant même au livre de caisse avec indication du nom de celui qui verse ou reçoit et de la cause pour laquelle il paye ou reçoit. Chaque article doit être rédigé assez brièvement pour n'occuper qu'une seule ligne. Les articles qui mentionnent une vente au comptant, faite souvent à des personnes inconnues, sont rédigés simplement en la forme de « vente au comptant. »

Essayons un exemple : Le 31 décembre, la maison de nouveautés A ouvre son magasin avec 12 000 fr. 75 c. en caisse. Ces 12 000 fr. 75 c. figurent naturellement à la page des recettes, appelée aussi page du DOIT ou du *débit* de la caisse. A l'ouverture du magasin, un garçon de recettes vient présenter un règlement de francs 10 500 souscrit par la maison et ce règlement est acquitté. On l'inscrit à la page droite appelée aussi page de l'AVOIR ou du *crédit* de la caisse. La vente commence et l'on vend successivement au comptant pour 45 fr. 80 c., 215 fr., 160 fr., 82 fr., 380 fr., 15 fr., 127 fr. 50 c. de marchandises. On envoie recevoir en ville deux comptes de 150 fr. et 130 fr., et encaisser un billet de 6000 fr. remis en payement la veille. On paye une lettre de voiture de 400 fr. pour transport de marchandises reçues. La vente au comptant continue et donne un article de 300 fr., un de 117 fr., un de 750 fr., un de 300 fr., un de 450 fr. On paye 4000 fr. pour appointements d'employés, puis, comme on n'a aucun payement important à faire pour le lendemain et jours suivants, on remet chez le banquier 6000 francs. Ces opérations se libelleront ainsi qu'il suit :

DOIT.

1866			
Décembre	31	En caisse	12 000 fr. 75 c.
»	»	Vendu comptant	45 80
»	»	Id.	215 »
»	»	Id.	160 »
»	»	Id.	82 »
»	»	Id.	380 »
»	»	Id.	15 »
»	»	Id.	127 50
»	»	Facture H.	150 »
»	»	Facture G.	130 »
»	»	Billet L. N.	6 000 »
»	»	Vendu comptant	300 »
»	»	Id.	117 »
»	»	Id	750 »
»	»	Id.	300 »
»	»	Id.	450 »
			21 223 fr. 05 c.
		Reste en caisse	323 fr. 05 c.

A la fin de la journée, on *fait la caisse*. Cette opération consiste à additionner les sommes payées et les sommes reçues, à retrancher la somme de celles qui ont été payées de la somme de celles qui ont été reçues et à voir si la somme qui reste en caisse est égale à la différence. Si la somme des chiffres inscrits au crédit était supérieure à celle des chiffres inscrits au débit de la caisse, il serait évident qu'on a omis d'inscrire une somme reçue ou inexactement écrit une somme payée, puisqu'il ne peut jamais sortir de la caisse plus d'argent qu'il n'y en est entré. Quelle que soit d'ailleurs la différence entre la somme indiquée par la balance du livre de caisse et celle qui existe en caisse effectivement, il est clair qu'une erreur a été commise et qu'il convient de la rechercher sur-le-champ, d'autant qu'on a plus présentes à l'esprit les opérations de la journée.

AVOIR.

Date		Libellé	Montant	
1866				
Décembre	31	Payé n/ reg/ nº 1560................	10 500 fr.	»
»	»	L/ le v/ de J. L......................	400	»
»	»	Appointements d'employés............	4 000	»
»	»	Remis en compte à L. et Cie.........	6 000	»
			20 900 fr.	»
		Solde...............	323	05
			21 223 fr.	05 c.

Les maisons de banque et les grandes maisons de détail font leur caisse tous les jours. D'autres maisons ne la font que tous les cinq, tous les dix, tous les quinze jours ou tous les mois. Chaque maison a son usage à cet égard. Le mieux est de faire la caisse le plus fréquemment possible, d'autant plus que ce n'est pas habituellement une opération bien longue.

Les maisons qui ont plusieurs caissiers et plusieurs caisses, comme les banques importantes, ont aussi plusieurs livres de caisse. Elles obtiennent la connaissance de la somme d'espèces qu'elles possèdent en additionnant ensemble les soldes que présente la balance des divers livres de caisse.

Livre des effets à recevoir.

Le *livre d'enregistrement des effets à recevoir*, que les banquiers appellent souvent *livre des numéros*, est affecté à l'inscription des billets à ordre, lettres de change ou mandats souscrits, tirés ou endossés à l'ordre de la maison de commerce.

Ce livre a pour objet de constater l'entrée et la sortie des effets de commerce qui font partie de l'actif de la maison et de fournir les renseignements nécessaires pour les démarches à faire en cas de perte. Il est folioté, de telle façon que les deux pages placées en regard l'une de l'autre sont considérées comme n'en faisant qu'une seule.

(A)

ENTRÉE		NATURE des effets.	CÉDANTS.	DEMEURE.	TIREURS ou souscripteurs.	DEMEURE.	DATE des effets.
N^os^ d'ordre.	DATES.						
501	Août 26	Lett^e^	Moi-même.	Bord.	Moi-même.	Bord.	Août 26
502	Id. 27	Billet.	Jean.	Id.	Jean.	Id.	Id. 20
503	Sept. 1er	Lett^e^	Raymond.	Clerm.	Pierre.	Lyon.	Juill. 20
5 4	Sept. 1er	Billet.	Nicolas.	Toul.	Adolphe.	Bord.	Juin 15

Le livre des effets à recevoir est ordinairement réglé sur seize colonnes, dont trois de dates reçoivent l'indication de l'entrée, de l'échéance et de la sortie de chaque effet, et une de caisse qui reçoit l'indication de la somme portée sur le même effet. Un certain nombre de maisons ajoutent une dix-septième colonne de caisse où elles portent le montant de l'effet à la sortie, afin de pouvoir relever par l'addition des chiffres de cette colonne et par la comparaison de leur somme avec celle des effets entrés et par une balance l'importance des effets restant en portefeuille.

Les autres colonnes du livre sont destinées : la première à gauche à recevoir le numéro d'ordre que l'on inscrit sur chaque effet au moment où il est enregistré, la troisième la nature de l'effet, traite, billet ou mandat, la quatrième le nom du cédant et la cinquième sa demeure ; la sixième le nom du tireur ou souscripteur et la septième, sa demeure ; la neuvième indique à l'ordre de qui l'effet

ORDRES.	ENDOSSEURS.	TIRÉS ou souscripteurs.	LIEU de payement.	SOMMES.	ÉCHÉANCES.	CESSIONNAIRES.	DATE de sortie.
Moi-même.	Moi-même.	Léon.	Paris.	2380	Nov. 20	Albert.	Sept. 15
Id.	Id.	Jean.	Bord.	543	Déc. 20	Caisse.	Déc. 20
Raymond.	Raymond.	Paul.	Paris.	1380	Nov. 20	Albert.	Sept. 15
Jacques.	Jacques.	Adol.	Bord.	3000	Déc. 1er	Caisse.	Déc. 1er

a été fait; la dixième, quel est le premier endosseur, la suivante porte le nom du tiré ou du souscripteur et la douzième le lieu du payement : la dernière ou avant-dernière colonne à droite indique le cessionnaire qui a reçu l'effet ou en a touché le montant.

L'enregistrement de chaque effet occupe une ligne.

La plupart des maisons ont un timbre sec ou à encre dont elles marquent l'effet enregistré, et c'est dans un espace blanc laissé au centre de ce timbre qu'on inscrit le numéro d'ordre.

A l'époque des inventaires, on recommence la série des numéros d'ordre et on enregistre à nouveau les effets restant en portefeuille.

Voyons maintenant en quelle forme seront inscrits au livre d'effets à recevoir les effets suivants, au pouvoir de la maison N. de Bordeaux :

1° Lettre de change tirée à trois mois sur Léon, de Paris, pour se couvrir d'une facture de 2380 francs; 2° billet de Jean, de Bordeaux, fourni en règlement d'une facture de 543 francs au 20 décembre; 3° lettre de change tirée de Lyon le 20 juillet par Pierre, sur Paul, de Paris, à l'ordre de Raymond de Clermont, de 1380 francs, à quatre mois de date. 4° Billet de 3000 francs au 1er décembre, souscrit par Adolphe, de Bordeaux, à l'ordre de Jacques, de Cette, passé par celui-ci à l'ordre de Nicolas, de Toulouse, et remis par celui-ci.

Ces effets entrés dans l'actif de la maison qui en a reçu le montant ou les a négociés, figureront au livre des numéros dans la forme du tableau A ci-dessus.

Carnet d'échéances.

On extrait souvent du livre des effets à recevoir un *carnet d'échéances* destiné à rappeler la date précise de l'échéance de chaque effet entré dans l'actif de la maison. Les effets y sont inscrits, non par ordre d'entrée, mais par ordre d'échéances.

Ce livre est disposé par pages dont chacune est affectée, soit à un mois, soit à une semaine de l'année, selon l'importance des affaires de la maison. Chaque page est réglée sur cinq colonnes, dans lesquelles on inscrit : 1° le numéro d'ordre de l'effet; 2° le nom et le domicile du débiteur; 3° la somme exprimée par l'effet; 4° l'échéance; 5° le cessionnaire de l'effet, à peu près ainsi qu'il suit :

504	B/ Adolphe, Bordeaux.	3000 fr.	1er	Caisse.

On n'indique à l'échéance que le quantième du mois, parce que la page porte l'indication du mois ou de la semaine d'échéance des effets qui y sont inscrits. Cette indication, inscrite en grosses lettres en tête de la page est souvent répétée à la tranche sur un onglet destiné à faciliter les recherches.

Le carnet d'échéance des effets à recevoir avait autrefois dans les maisons de commerce une importance qui a diminué depuis que l'emploi des banquiers s'est répandu à tel point qu'il existe aujourd'hui peu de commerçants qui fassent eux-mêmes leurs recouvrements. La plupart des maisons qui tiennent encore ce livre et les banquiers eux-mêmes ont renoncé à y inscrire le nom des débiteurs et l'indication de l'effet : on n'y porte plus que le numéro, la somme, l'échéance et le cessionnaire, parce que si l'on a des recherches à faire, on les pratique sans peine, soit au moyen de l'effet lui-même, soit avec le numéro d'ordre, sur le livre d'enregistrement.

Quelques maisons n'emploient que des portefeuilles à douze compartiments, dont chacun est destiné aux effets échéant dans le même mois, ou à cinquante-deux compartiments, dont un pour chaque semaine, ou des boîtes en fer-blanc, comme chez les banquiers, là ou la Banque de France n'a pas encore centralisé le service des recouvrements.

Le carnet d'échéances reste cependant utile pour indiquer au commerçant l'importance et le nombre des effets dont le non-payement peut l'exposer à une déception ou à un remboursement. Les banquiers l'appellent *livre de risques* et le conservent avec raison.

Livre des effets à payer.

Le *livre d'enregistrement des effets à payer* est destiné à recevoir l'inscription des billets souscrits par la maison et des lettres de change acceptées par elle. Il est disposé par pages et réglé sur sept colonnes, indiquant : 1° le numéro d'ordre; 2° la date de la souscription ou de l'acceptation; 3° la nature de l'effet; 4° le nom du premier créancier; 5° l'échéance; 6° la somme; 7° la rentrée de l'effet.

Voici à peu près la disposition de ce livre :

1	Janvier 2.	Billet.	Charles et Cie.	Avril 2.	1570 80	Caisse.
2	» 5.	Lett/	Jules.	Mars 20.	1200 40	Caisse.

Carnet d'échéances passives.

Les petites et moyennes maisons de commerce se dispensent ordinairement de tenir le livre d'effets à payer, parce que le chef, comptant sur sa mémoire, pense avoir toujours assez présents à l'esprit ses billets et ses acceptations. Ces maisons se contentent d'un livre plus sommaire qui se trouve également dans les grandes, le *carnet d'échéance des effets à payer* ou *d'échéances passives*.

Ce livre est destiné à l'inscription par ordre d'échéances de tous les engagements passifs de la maison, soit sous forme de billets et lettres acceptées, soit sous toute autre. Il est tenu par pages, réglé comme le livre d'enregistrement des effets à payer et disposé comme le carnet d'échéance des effets à recevoir. Ainsi chaque page y est affectée à l'inscription des engagements qui viennent échoir soit dans le même mois, soit dans la même quinzaine, soit dans la même semaine et, s'il le faut, dans le même jour.

Livre d'ordres ou de commissions.

Venons maintenant aux livres de marchandises.

Le premier est le *livre de commissions.* Il y en a de plusieurs sortes : les premiers sont d'un usage général et devraient porter, comme ils le portent dans quelques maisons, le nom de *livres d'ordres;* les seconds sont spéciaux aux commissionnaires en marchandises.

Le livre d'ordres, comme son nom l'indique, est destiné à l'inscription des ordres que reçoit une maison. On l'appelle « livre de commissions, » parce qu'un grand nombre de commerçants donnent le nom de *commission* aux ordres qu'ils reçoivent et celui de *commettant* à la personne qui donne l'ordre. C'est ainsi qu'on dit qu'un voyageur de commerce a recueilli dans sa tournée un grand ou un petit nombre de commissions.

Les ordres sont donnés de vive voix, par voyageur ou par correspondance et tous inscrits par rang de date sur le livre spécial. Ce livre, tenu par pages est réglé comme les factures de la maison, parce que chaque commission est destinée à se transformer en facture. En tête de chaque ordre, on inscrit la date, le nom du commettant et la forme de l'ordre, puis le détail comme une facture. Ainsi on écrira :

Du 6 janvier 1867.

Commis par MM. X. et Ce de N., suivant leur lettre n° ; savoir :

(Suit le détail de l'ordre avec les prix, s'ils y ont été énoncés.)

Les lettres sont désignées par le numéro d'ordre qu'elles portent dans les casiers ou cartons de la maison qui les a reçues.

On écrira aussi la commission « suivant ordre verbal » ou « suivant carnet de notre voyageur B, » si l'ordre a été donné verbalement ou au voyageur de la maison.

Chaque ordre inscrit sur un livre de commission bien tenu porte un numéro d'ordre. Un *répertoire* où les noms des commettants sont inscrits par ordre alphabétique, suivis du numéro de leur commission et de celui de la page où elle est inscrite, facilite toutes les recherches.

Les commissionnaires en marchandises ont un livre de commission spécial dont la réglure diffère un peu de celle que nous venons d'indiquer. La page est ordinairement plus large et le milieu seulement, moitié de la largeur totale environ, est affecté à l'inscription de la commission proprement dite : quatre colonnes à gauche sont destinées à conserver les renseignements ou références qui peuvent être utiles au commissionnaire. La première de ces colonnes, fort étroite, reçoit un signe, habituellement le signe —, lorsque l'ordre qui constitue la commission a été donné au fabricant ou marchand ; ce signe croisé par une ligne verticale (+) indique la livraison exécutée par le fabricant ou marchand en gros.

La seconde colonne est affectée à l'inscription du nom du vendeur, fabricant ou marchand en gros. Les deux suivantes sont destinées aux numéros des échantillons du commissionnaire et du vendeur, lorsqu'il y a lieu. D'ailleurs, comme dans les factures, une colonne à gauche indique les quantités demandées et fournies et une ou deux colonnes à droite de la commission indiquent le prix d'achat et le prix de vente; lorsque le commissionnaire sort de son rôle et se fait revendeur.

On comprend d'ailleurs que les livres d'ordres ou de commission prennent telle ou telle forme, selon le commerce ou l'industrie auxquels ils sont destinés et que celui d'un fabricant de draps ne ressemblera ni à celui d'un marchand de liqueurs, ni à celui d'un agent de change. Il serait impossible et d'ailleurs peu utile de donner un modèle de la réglure et de la forme de chacun de ces livres.

Livre de factures.

Le *livre de factures*, ou livre de ventes, destiné à recevoir copie de toutes les factures délivrées par la maison est aujourd'hui, comme le copie de lettres, un simple décalque des factures elles-mêmes. Chaque facture y reçoit un numéro d'ordre fort utile aux références de la comptabilité proprement dite. Ce livre a un répertoire comme le copie de lettres. Les ventes au comptant n'y figurent pas, mais on les trouve au livre de caisse.

Livre d'achats.

Le *livre d'achats* est une copie des factures reçues par la maison. Il est donc réglé comme une facture et rédigé de même avec cette différence que la facture copiée indiquant, non une créance, mais une dette, le nom du vendeur est précédé du mot AVOIR, ce qui indique que la somme portée à la facture doit être passée à son crédit. Voici la formule de rédaction d'un livre d'achats :

Du 8 janvier 1867.

AVOIR *M. X et Cie de...*

(Suit le détail de la facture.)

Un grand nombre de maisons n'ont pas de livre d'achats et se contentent de recueillir les factures qu'elles reçoivent, de les numéroter, de les mettre en ordre et de les porter à un répertoire, comme nous l'avons indiqué pour les lettres missives reçues par une maison de commerce.

Livre d'expéditions.

Le *livre d'expéditions* est destiné à constater la remise aux messagers par terre ou par eau, aux armateurs et aux administrations de chemins de fer, des marchandises qui y sont désignées. C'est une copie des bulletins de chargement et souvent un carnet rédigé par les chargeurs que

2

les agents de transport signent en marge. Les commissionnaires en marchandises appellent quelquefois « livre d'expéditions » celui que les autres commerçants appellent livre de ventes ou de factures.

Livre de magasin.

Le *livre d'entrée et de sortie des marchandises*, appelé aussi *livre de magasin*, est destiné à constater les existences de marchandises dans les magasins de la maison, comme le livre de caisse indique les existences en monnaie. Mais comme le livre de caisse ne mentionne qu'une seule espèce de marchandises, la monnaie, sa tenue est simple et facile, tandis que celle du livre de magasin est plus compliquée et plus difficile.

Le livre de magasin n'existe guère que dans les maisons de gros, qui opèrent sur un petit nombre de marchandises en quantités considérables. Cependant l'utilité de ce livre est si grande que les fabricants et même quelques maisons de détail n'ont pas reculé devant les difficultés que présente sa tenue.

Pour que ce livre fût bien clair et facile à consulter, il faudrait qu'il se composât d'autant de tomes ou livrets qu'il y a de marchandises diverses dans les magasins de la maison. Ces livrets seraient réglés comme des livres de caisse. On porterait au débit du magasin, par ordre chronologique, toute entrée de la marchandise à laquelle le livret serait affecté, et au crédit du magasin toute sortie de la même marchandise. On écrirait, par exemple, à l'entrée :

DOIT.

1867.	Janvier 4.	Indigo, n°	Caisses.	10.

et à la sortie :

AVOIR.

1867.	anvier 7.	Indigo f^re n°	Caisses.	2.

Les numéros laissés en blanc indiqueraient les factures d'entrée et de sortie où se trouveraient tous les renseignements relatifs à l'acheteur ou vendeur, au prix, etc. Le livre de magasin ne présenterait que les quantités entrées et sorties avec les dates d'entrée et de sortie et les existences, toujours faciles à obtenir par la balance du *doit* et de l'*avoir*.

La balance des divers tomes du livre de magasin donnerait l'inventaire des marchandises qui sont au pouvoir de la maison et il serait facile chaque fois qu'on le voudrait, de vérifier si les faits sont conformes au livre, de faire le magasin comme on fait la caisse, et de rechercher les erreurs qui pourraient avoir été commises. C'est ce qui a lieu dans les maisons qui ont un garde-magasin et leur pratique ne saurait être trop recommandée.

Il y a des maisons qui préfèrent avoir leur livre de magasin en un tome ou en deux tomes. Il leur suffit de prendre un registre de moyenne grandeur, tenu par pages et réglé sur une colonne de dates, un grand espace blanc et deux colonnes à droite. A chaque marchandise est affecté un certain nombre de pages du livre désignées par un index ou par des onglets à la tranche. Les entrées et les sorties sont inscrites de suite par ordre de dates et les quantités portées, savoir : les entrées dans l'avant-dernière colonne à droite et les sorties dans la dernière. Ainsi on écrirait pour l'entrée et la sortie d'indigo que nous avons pris pour exemple :

			Entrée.	Sortie.
1867.	Janvier 4.	Indigo, facture n° caisses.	10.	
»	» 7.	Id. n° »		2.

Il y a plusieurs autres manières d'établir les livres d'entrée et de sortie. On voit par exemple des maisons qui inscrivent toutes leurs marchandises sur la même page dans des sortes de casiers, avec indication des noms des vendeurs, de ceux des acheteurs, l'indication de la qualité, du prix, etc. Mais cette multitude de renseignements sans ordre est peu utile, à cause de la difficulté des recherches, et fait double emploi, si la maison tient régulièrement ses factures d'achat et de vente. En outre, un livre ainsi établi ne peut fournir qu'après un dépouillement et de longues recherches les renseignements sur les existences en magasin auxquels il est spécialement destiné. Il est impossible en effet d'additionner ensemble utilement des nombres dont les uns exprimeront des barriques ou des quintaux de sucre, les autres des balles de coton, des caisses d'indigo ou des bûches de bois de teinture. Le travail de dépouillement du livre est plus difficile et plus long que les écritures elles-mêmes et on ne le fait pas, ce qui rend le livre inutile.

Dans les usines importantes où il existe un grand mouvement de matières premières et de produits, les livres d'entrée et de sortie sont tenus sur des livrets par les employés chargés de recevoir et livrer, soit les matières premières, soit les marchandises fabriquées et les chiffres portés sur ces livrets sont centralisés et relevés par jour, par semaine ou par mois, sur un livre général tenu dans la forme que nous venons d'indiquer.

Livre de paye.

Les fabriques et les maisons qui comptent un grand nombre d'employés ont souvent un *livre de paye*. Ce livre est tenu par pages. Si les employés sont payés au mois, il n'y a par année que douze ou vingt-quatre pages sur chacune desquelles on écrit à chaque ligne le nom d'un employé en faisant reporter dans une colonne de caisse vers la droite la somme qui lui est due. Après la colonne de caisse, on laisse un espace blanc qui se confond avec la marge droite du livre où on inscrit soit la mention du payement au moment où il est effectué, soit la signature de l'employé qui reçoit. On dit alors que l'employé *émarge*, pour dire qu'il reçoit et donne quittance.

Les sommes partielles payées à chaque employé sont totalisées et portées au livre de caisse.

Lorsqu'on emploie des ouvriers à la journée, ils sont payés à la semaine, à la quinzaine ou au mois. Le livre de paye, tenu par pages, est réglé de manière à recevoir en titre l'indication de la semaine, de la quinzaine ou du mois. Une petite colonne, à gauche, indique le prix de la journée de chaque ouvrier; puis vient un espace suffisant pour inscrire le nom de chaque ouvrier et à la suite autant de petites colonnes qu'il y a de jours dans la période de temps à laquelle la feuille est destinée. C'est là que l'on inscrit chaque soir les journées acquises. A la fin de la période, on fait le décompte des journées fournies par chaque ouvrier et on inscrit la somme dans une colonne de caisse placée près de la marge droite sur laquelle on porte les mentions de payement. Les sommes ainsi payées sont totalisées et portées à la comptabilité générale.

Pour les salaires payés aux pièces, les livres et livrets varient dans chaque tranche d'industrie. En général chaque ouvrier a un livret sur lequel il établit ses fournitures en forme de facture dont le payement est constaté par un timbre ou par une mention de la personne chargée de ce soin et la comptabilité générale n'inscrit que les totaux.

Livre de soldes.

Les maisons qui ont des comptes nombreux dont chacun exige une surveillance vigilante emploient avec avantage un *livre de soldes*. C'est un livre sur lequel se trouvent rapportés sommairement et sans explications les articles qui constituent chaque compte débiteur et créancier, de manière à ce qu'on puisse promptement et sans peine relever le solde de chacun d'eux au besoin.

Le livre de soldes est souvent un registre de moyenne grandeur, paginé, qui se règle par une colonne de dates à gauche et deux colonnes de caisse à droite. On copie le titre de chaque compte du grand-livre en tête d'une page ou plus bas, en lui réservant un nombre de lignes proportionné à son importance présumée. Chaque article occupe une ligne à la colonne de dates où il est inscrit au jour de son entrée : la somme est portée à la première colonne de caisse à gauche, si elle constitue le compte débiteur et dans la dernière colonne de caisse, si elle constitue le compte créancier. Ainsi, dans le cas où D aurait acheté à crédit pour 1000 francs de marchandises le 1er mars et les aurait payées le 5 du même mois, ces deux articles figureraient au livre de soldes en la formule suivante :

D.

1867 mars	1er		1000	»		
»	5				1000	»

Le livre de soldes a un répertoire, tenu comme les autres, où figurent par ordre alphabétique les comptes portés au livre de soldes avec indication de la page où se trouve chacun d'eux.

Comme chaque compte occupe fort peu d'espace en largeur sur le livre de soldes, la page est souvent divisée en deux ou trois colonnes verticales dont chacune, considérée comme page entière, porte la réglure que nous venons d'indiquer.

Il y a des livres de soldes synoptiques, de format oblong et foliotés, parce qu'on désire y résumer toute la comptabilité de la maison. Ils ont une colonne de dates à gauche, suivie, sans intervalle de huit et quelquefois de dix colonnes doubles de caisse destinées à l'inscription des articles débiteurs ou créditeurs d'autant de comptes. Ces livres peuvent servir au contrôle du grand-livre, mais leur tenue est un peu laborieuse, parce qu'elle exige la réunion en huit ou dix comptes de tous ceux qui figurent au journal et on ne peut en obtenir aucun renseignement particulier.

Ce que nous venons de dire au sujet des livres auxiliaires suffit à bien faire comprendre leur nature. Ce sont à parler proprement des *livres de notes* sur lesquels le chef de maison doit pouvoir trouver au besoin tous les renseignements de détail qui lui sont nécessaires.

Nous avons indiqué les principaux d'entre ces livres, ceux dont l'usage est le plus général. Mais il faut se garder de croire qu'il n'y en a pas d'autres et qu'on les trouve tous dans toutes les maisons qui s'en servent. Au contraire, leur nombre est indéterminé : leur forme et leur usage varient suivant la branche de commerce ou d'industrie où l'on s'en sert et suivant le caractère ou les préoccupations du chef de la maison, qui tient à se procurer les renseignements d'une certaine espèce et néglige les autres parce qu'ils sont ou parce qu'il les croit inutiles.

Il ne faut donc prendre les descriptions que nous venons de faire que comme des indications sur la manière d'arranger et de coordonner en tableaux les renseignements dont le commerçant peut avoir besoin. Chacun, dans la pratique, s'inspire et doit s'inspirer de la situation où il se trouve. Une petite maison n'a pas besoin d'autant de livres auxiliaires qu'une grande, parce qu'elle peut donner plus de développement à chaque article de sa comptabilité générale. Une grande maison a besoin d'un plus grand nombre de livres auxiliaires et ce nombre sera d'autant plus grand qu'elle occupera plus d'employés et que ses affaires présenteront une plus grande variété.

CALCUL DES INTÉRÊTS.

Maintenant que nous avons indiqué quelle est la nature, quel est l'emploi des livres auxiliaires et donné quelques détails sur la forme des principaux d'entre eux, nous devons entrer dans quelques explications sur les calculs qui servent à certaines opérations généralement usitées, telles que l'escompte de banque et la tenue des comptes courants portant intérêt.

Revenons d'abord sur le calcul des intérêts dont il a déjà été question dans les exercices de la première année.

Il y a plusieurs manières de calculer les intérêts dans le commerce. Celle que nous avons employée dans nos premiers exemples est généralement préférée par les praticiens : c'est la *méthode des parties aliquotes*. Mais il existe une autre méthode, dite *des nombres*, qui est encore très-fréquemment employée dans les comptes courants et que nous devons exposer en suivant le raisonnement mathématique au moyen duquel on est arrivé à la découvrir.

Intérêt annuel.

Supposons qu'il s'agisse de trouver l'interêt de 2450 fr. placés à 4 pour 0/0 pendant un an. On obtient cet intérêt au moyen de la proportion suivante :

$$100:4::2450:y$$

de laquelle on déduit la règle de trois :

$$y = \frac{2450 \times 4}{100} = 98.$$

Ce qui est vrai pour le taux de 4 pour 100 serait vrai pour tout autre taux. Donc, en principe :

« Pour trouver l'intérêt que produirait en un an une somme donnée, placée à un taux quelconque d'intérêt, il faut multiplier cette somme par le chiffre qui exprime le taux et diviser par cent : on a pour quotient le chiffre de l'intérêt cherché. »

En représentant la somme par C, le taux de l'intérêt par p. 0/0 et l'intérêt cherché par i, on exprime cet intérêt par la formule :

$$i = \frac{C \times \text{p. } 0/0}{100}.$$

Le praticien, qui divise d'abord par cent et multiplie ensuite par le taux de l'intérêt, fait exactement, quoique en ordre inverse, le calcul indiqué ci-dessus.

Intérêt pendant un nombre de jours donné.
Méthode des diviseurs.

Il s'agira maintenant de trouver l'intérêt de 4650 fr., placés à 4 pour 0/0 par an, pendant 23 jours.

L'année se compose de 365 jours. Si donc l'on connaissait l'intérêt que produisent en un an 4650 francs, intérêt que nous désignerons par y, x étant l'intérêt cherché, on pourrait établir la proportion suivante :

$$365 : y :: 23 : x.$$

Mais s'il fallait d'abord chercher l'intérêt pendant un an, y, puis recourir à la règle de trois :

$$x = \frac{23 \times y}{365},$$

le calcul serait long. On l'a simplifié par la combinaison des deux proportions indiquées ci-dessus, de la manière suivante :

$$100 : 4 :: 4650 : y,$$
$$365 : y :: 23 : x.$$

En multipliant ces deux proportions terme par terme, on obtient celle-ci :

$$100 \times 365 : 4 \times y :: 4650 \times 23 : y \times x.$$

Si l'on supprime le facteur commun et inconnu y de l'un et de l'autre conséquent de cette proportion, on conserve une proportion, puisque le produit des extrêmes reste égal à celui des moyens. Cette proportion est la suivante :

$$100 \times 365 : 4 :: 4650 \times 23 : x,$$

de laquelle on déduit la règle de trois :

$$x = \frac{4 \times 4650 \times 23}{100 \times 365} = 11,72.$$

Mais ce mode de calculer était encore bien lent. On l'a simplifié par l'application de ce principe, que « les deux rapports qui constituent une proportion étant égaux, on trouve le terme inconnu en divisant le terme connu par le rapport connu. » C'est ce qu'on appelle faire la règle de trois par la division.

En effet, dans la proportion

$$100 \times 365 : 4 :: 4650 \times 23 : x,$$

on peut observer que le premier rapport, $100 \times 365 : 4$, revient dans tous les calculs qui ont pour base le taux d'intérêt de 4 pour 0/0, quels que soient d'ailleurs la somme et le nombre de jours proposés. On a donc cherché une fois pour toutes quel était ce rapport, soit $\frac{100 \times 365}{4}$, ou, calcul fait, 9125. En divisant par ce nombre le terme connu du second rapport, 4650×23, c'est-à-dire 106950, on doit avoir pour quotient l'inconnu x, l'intérêt cherché. L'opération se fait donc ainsi :

```
  4650
    23
 ------
 13950
 9300
 ------
106950 | 9125
 15700 |------
  65750 | 11.72
   18650
     400
```

L'intérêt de 4650 francs à 4 pour 0/0, pendant 23 jours, est donc égal à 11 fr. 72 c., plus une fraction qui, étant inférieure à 1/2 centime, peut être négligée.

En général, quelle que soit la somme dont on cherche l'intérêt, quel que soit le nombre de jours pendant lesquels l'intérêt a couru, quel que soit le taux d'intérêt auquel la somme est placée, — « on trouve l'intérêt cherché en multipliant la somme par le nombre des jours pendant lesquels l'intérêt a couru et en divisant le produit par le rapport qui exprime en jours le taux de l'intérêt. »

Ces rapports, relevés une fois pour toutes et gravés dans la mémoire des praticiens, ont pris le nom de *diviseurs fixes*, parce que chacun d'eux est employé invariablement chaque fois qu'il s'agit de faire des calculs sur le même taux d'intérêt.

Entre ceux qui s'occupent de calculs d'intérêt, le produit de la somme par le nombre de jours s'appelle *le nombre* par excellence, parce qu'il est le point de départ de toutes les opérations.

Dans la pratique, on abrége les calculs en supposant : 1° que l'année n'a que 360 jours, ce qui arrondit le premier terme de la proportion, c'est-à-dire le diviseur fixe; 2° en retranchant à droite du *nombre* les deux derniers chiffres, qui ne donnent au quotient que des fractions de centime, et aussi deux chiffres à droite du diviseur fixe.

Ceci posé, on sait qu'on a pour diviseur fixe :

A 3 pour 0/0.........	12000
A 4 pour 0/0.........	9000
A 4 1/2 pour 0/0.....	8000
A 5 pour 0/0.........	7200
A 6 pour 0/0.........	6000
A 7 1/2 pour 0/0.....	4800
A 8 pour 0/0.........	4500
A 9 pour 0/0.........	4000

et ainsi de suite.

Si l'on applique à notre exemple les moyens de simplification employés ci-dessus, on aura pour diviseur 9000, et l'opération se posera ainsi qu'il suit :

$$\frac{106950}{9000},$$

ou en retranchant à droite les deux derniers chiffres du dividende et du diviseur,

```
1069 | 90
 169 |-----
     | 11.87
  790
   700
    70
```

On remarquera que le quotient obtenu est un peu plus fort que celui qui résulterait d'un calcul rigoureux. Cela tient à ce que le jour d'intérêt, qui est en réalité 1/365e de l'intérêt annuel, n'est compté que pour 1/360e.

On peut démontrer par d'autres voies moins mathématiques l'exactitude de cette méthode des diviseurs fixes pour le calcul des intérêts. Essayons quelques-unes de ces démonstrations.

On peut observer d'abord que le produit de la multiplication de la somme dont on cherche l'intérêt par le nombre de jours pendant lesquels l'intérêt a couru, le *nombre*, comme on l'appelle, n'est autre chose que la somme dont l'intérêt *pendant un jour* serait égal à l'intérêt cherché. Une somme de 1552 francs, par exemple, produit en quinze jours un intérêt quinze fois plus considérable qu'en un jour. Mais il est évident qu'une somme quinze fois plus forte produirait en un jour le même intérêt que 1552 pendant quinze jours. L'intérêt de 1552 francs pendant quinze jours est donc toujours égal à l'intérêt de 1552 × 15, soit 23 280 francs pendant un jour, à la seule condition que les deux sommes soient placées au même taux.

Le *nombre* étant la somme dont l'intérêt pendant un jour est égal à l'intérêt cherché, les calculs d'intérêt par le nombre se réduisent à la recherche de l'intérêt *pendant un jour.*

Si donc on connaissait une somme qui produisît 1 franc d'intérêt par jour, il est évident que l'intérêt cherché contiendrait 1 franc autant de fois que la somme produisant 1 franc d'intérêt par jour se trouverait contenue dans le *nombre.*

En d'autres termes, si l'on parvient à connaître la somme qui produit 1 franc d'intérêt par jour, on peut connaître l'intérêt par jour d'une somme quelconque en la divisant par celle qui produit 1 franc d'intérêt par jour.

Ceci posé, voyons comment on peut obtenir la somme qui, à un taux d'intérêt donné, produit 1 franc d'intérêt par jour.

Si l'on cherchait la somme qui, pendant un an, produit 1 d'intérêt à un taux donné, on l'obtiendrait sans peine par la proportion suivante :

$$x : 1 :: 100 : \text{p. } 0/0,$$

de laquelle on déduit la règle de trois :

$$x = \frac{1 \times 100}{\text{p. } 0/0}.$$

Mais l'année se composant de 365 jours, ou de 360, si l'on compte suivant l'usage du commerce, la somme cherchée est 365 fois ou 360 fois plus forte. On l'obtient donc en multipliant par 365 ou 360 le numérateur de la règle de trois indiquée plus haut. On a donc pour formule définitive :

$$x = \frac{1 \times 100 \times 360}{\text{p. } 0/0}.$$

S'il s'agit d'une somme placée à 4 pour 0/0, nous aurons :

$$x = \frac{1 \times 100 \times 360}{4} = 9000,$$

c'est-à-dire justement le *diviseur fixe*.

Le diviseur fixe est donc la somme qui, placée à un taux d'intérêt donné, produit 1 d'intérêt par jour. Il est clair qu'en divisant par cette somme celle dont l'intérêt pendant un jour est égal à l'intérêt cherché, on obtient ce dernier au quotient.

Lorsqu'on sait que le diviseur fixe est la somme qui, à un taux donné, produit 1 d'intérêt par jour, on peut le trouver par un raisonnement plus simple encore. On sait quel nombre de jours est nécessaire pour que 100 produise 1 d'intérêt : à 4 pour 0/0, ce sera le quart de l'année, soit 90 jours. Eh bien, le nombre qui produit 1 d'intérêt par jour est évidemment égal à 100 multiplié par le nombre des jours ; par 90, s'il s'agit de 4 pour 0/0.

Le diviseur fixe est donc égal au produit de la multiplication par 100 du nombre de jours nécessaire pour que 100 produise 1 d'intérêt.

La méthode des *diviseurs fixes* est la plus habituellement employée dans les calculs d'intérêt auxquels donnent lieu les comptes courants.

Méthode des multiplicateurs.

Il est une autre méthode, moins fréquemment employée que nous devons indiquer sommairement.

On se rappelle la formule par laquelle on obtient l'intérêt d'une somme donnée pendant un an, soit

$$i = \frac{C \times p.\ 0/0}{100} :$$

pour trouver l'intérêt pendant un jour, c'est-à-dire le 365 ou le 360e de l'intérêt annuel, il suffit de diviser la somme indiquée par la formule par 365 ou 360. On aura donc comme formule pour la recherche de l'intérêt d'une somme pendant un jour la formule suivante :

$$x = \frac{C \times p.\ 0/0}{100 \times 360}.$$

En d'autres termes, on multiplie la somme par le chiffre qui exprime le taux de l'intérêt et on divise par 36000.

Avec cette méthode comme avec la précédente, on réduit toutes les recherches à celle du taux d'intérêt pendant un jour, ou, en d'autres termes, on calcule toujours sur les *nombres*.

Le *nombre* étant donné, on obtient l'intérêt cherché en multipliant par $\frac{p.\ 0/0}{36000}$. Chaque taux d'intérêt a donc un *multiplicateur fixe*, tel que $\frac{4}{36000}$ pour 4 p. 0/0, $\frac{5}{36000}$ pour 5 p. 0/0, etc., et ce multiplicateur peut être réduit en décimales pour la facilité des calculs. Ce sera à 4 p. 0/0 0,000111...; à 5 pour 0/0, 0,0001388.... Mais on comprend que ces chiffres seraient très-incommodes pour l'usage courant. Aussi ne s'en sert-on guère que pour la confection des livres dits « de comptes faits. »

Méthode des parties aliquotes.

La méthode vraiment commerciale est celle des parties aliquotes. Elle prend ce nom de ce que l'on calcule l'intérêt en considérant successivement une partie aliquote ou quelconque du temps à courir et en arrivant au résultat par une série de calculs partiels.

Cette méthode évite la recherche du *nombre*, c'est-à-dire la multiplication de la somme par le nombre de jours pendant lesquels l'intérêt a couru et attaque le problème directement.

On sait quel nombre de jours est nécessaire pour que 100 francs placés à un taux d'intérêt donné, produisent 1 franc d'intérêt, ou, ce qui est la même chose, pour que 1 franc produise 1 centime d'intérêt. Ainsi, à 4 pour 0/0 il faut 1/4 de l'année, soit 90 jours (l'année étant supposée de 360 jours) pour que 1 franc produise 1 centime d'intérêt, c'est-à-dire pour que chaque franc d'une somme donnée ait produit un centime d'intérêt. En d'autres termes on obtient l'intérêt d'une somme quelconque placée à 4 pour 0/0 pendant 90 jours en la divisant par cent.

Si donc le nombre des jours pendant lesquels l'intérêt a couru est supérieur à 90, on sait que l'intérêt sera d'autant de fois 1 pour 0/0 qu'il y aura de fois 90 jours et que si le nombre des jours est inférieur à 90 l'intérêt sera une partie aliquote ou quelconque de 1 pour 0/0 proportionnée au rapport existant entre le nombre des jours pendant lesquels l'intérêt aura couru et 90.

Soit demandé l'intérêt de 4564 francs à 4 pour 0/0 pendant 45 jours. Je dis : « l'intérêt de cette somme pendant 90 jours est de 1 pour 0/0, soit fr. 45,64 ; 45 jours étant la moitié de 90 jours, l'intérêt cherché est la moitié de fr. 45,64, soit, fr. 22,82. » L'opération se fait dans la forme suivante :

4564 (somme portant intérêt)
45.64 (1 p. 0/0, intérêt de 90 jours)
22.82 (moitié de 1 p. 0/0, int. de 45 jours).

En opérant par les nombres il aurait fallu l'établir comme il suit :

```
  4564
    45
 -----
 22820
18256
------
205380 | 9000
       |------
 25380 |22.82
  73800
   18000
```

On voit que cette façon de procéder est infiniment plus longue.

Soit demandé l'intérêt de la même somme pendant 10 jours à 4 pour 0/0. Il suffira pour l'obtenir de prendre 1 pour 0/0 et de diviser le chiffre obtenu par 9, puisque 10 jours sont le 1/9 de 90 jours. On écrira :

4564
45.64
5.07

Soit demandé l'intérêt de la même somme et au même taux pendant 17 jours. On dira : « décomposons 17 en sous-multiples de 90 : 15 est le 1/6 de 90 et 2 en est le 45e. Donc si je prends 1 pour 0/0, intérêt de 90 jours, j'aurai l'intérêt cherché en divisant ce centième par 6, puis par

45 et en additionnant ensemble les deux quotients obtenus. » On écrit donc :

```
4564
  45.64
   7 60
   1 01   8.61.
```

Soit demandé l'intérêt de la même somme au même taux pendant 101 jours. On dira : L'intérêt de 90 jours est de 1 pour 0/0, restent 11 jours, dont 10 sont le 9e de 90 et 1 le 90e. Je prends donc 1 pour 0/0 : je le divise par 9, puis par 90 et j'ajoute les trois quotients, ainsi qu'il suit :

```
4564
  45.64
   5.07
   0.50   51.21
```

Mais les praticiens abrégent encore en faisant rouler tous leurs calculs sur le même taux d'intérêt et, par conséquent, sur le même nombre. Ils ont choisi un taux d'intérêt très-usité, 6 pour 0/0, qui donne 1 centime d'intérêt par franc en 60 jours, nombre moindre que 90 et très-riche en sous-multiples, puisqu'il se divise par 2, par 3, par 4, par 5, par 6, par 12, par 15, par 20, par 30, de manière à favoriser admirablement la décomposition en parties aliquotes. Une fois l'intérêt à 6 pour 0/0 obtenu, on obtient les taux supérieurs par des additions et les taux inférieurs par des retranchements faciles. Reprenons nos exemples en opérant par cette méthode.

Soit demandé l'intérêt de 4564 francs à 4 pour 0/0 pendant 45 jours. Le praticien dira :

```
4564
  45.64  (1 p. 0/0, int. de 60 jours)
  11.41  (1/4 p. 0/0, int. de 15 jours)
  -----
  34.23  (int. de 45 jours à 6 p. 0/0)
  11.41  (1/3 de l'int. à 6 p. 0/0 à retrancher)
  -----
  22.82  intérêt cherché.
```

Poursuivons. Soit demandé l'intérêt de 4564 francs à 4 pour 0/0 pendant dix jours. Le praticien dira :

4564
45.64 (1 p. 0/0, int. de 60 jours)
7.60 (1/6 de 1 p. 0/0, int. de 10 jours à 6 p. 0/0)
2.53 (1/3 à retrancher pour obtenir 4 p. 0/0)
5.07 intérêt cherché.

Soit demandé l'intérêt de la même somme au même taux pendant 17 jours. On écrira :

4564
45.64 (1 p 0/0, int. de 60 jours)
11.41 (1/4, int. de 15 jours)
1.52 (1/30e int. de 2 jours)
12.93 (int. à 6 p. 0/0)
4.31 (1/3 à retrancher)
8.62

Soit demandé l'intérêt de la même somme au même taux pendant 101 jours. On écrira :

4564
45.64 (int. de 60 jours à 6 p. 0/0)
30.43 (2/3, int. de 40 jours)
0.76 (1/60e int. de 1 jour)
76.83 (int. à 6 p. 0/0)
25.61 (1/3 à retrancher)
51.22 intérêt cherché.

Le calcul, en ce cas, est plus long que dans notre premier exemple. Mais cet inconvénient accidentel est racheté pour le praticien par l'avantage d'opérer toujours sur le même nombre (60), ce qui, à la longue, lui donne pour le calcul une admirable facilité.

Si l'on cherchait l'intérêt à 7 pour 0/0, au lieu de retrancher 1/3 de l'intérêt à 6 pour 0/0, on ajouterait 1/6e et on retrancherait ce même 6e, si l'on voulait l'intérêt à 5 pour 0/0. Quant aux fractions, telles que 1/2, 1/4, on les obtient en divisant la somme qui représente l'intérêt à 6 p. 0/0, par 12 pour 1/2, et par 24 pour 1/4. Ainsi, ayant obtenu fr. 76,83, pour intérêt de 4564 francs pendant 101 jours à 6 pour 0/0, je veux avoir cet intérêt à 7 pour 0/0 : je prends le 6e de fr. 76,83 et je l'ajoute à ce nombre. Si je veux avoir l'intérêt à 7 1/2 pour 0/0, je prends et j'ajoute 1/4, parce que 1 1/2 est le quart de 6. Si je veux avoir l'intérèt à 7 1/4, je prends d'abord l'intérêt à 7, puis je divise par 24 la somme qui exprime l'intérêt à 6 pour 0/0 et j'ajoute le quotient au 6e déjà obtenu. Je dis donc :

76.83 (intérêt à 6 p. 0/0)
12.80 (1/6, soit 1 p. 0/0 à ajouter)
3.20 (1/24, soit 1/4 p. 0/0 à ajouter)
92.83 intérêt cherché à 7 1/4 p. 0/0.

L'avantage de la méthode des parties aliquotes, on le voit, ne consiste pas toujours à abréger les calculs. Il consiste plutôt à les faire rouler sur de petits nombres par lesquels les opérations sont faciles et toujours contrôlées directement par l'intelligence. Par ce moyen, on écarte en quelque sorte les procédés mécaniques des mathématiques pour y substituer des opérations dans lesquelles l'intelligence, toujours en éveil, conserve une plus grande part. Il est évident d'ailleurs que la méthode des parties aliquotes se prête mieux que toute autre aux opérations du calcul mental, si utiles à tous ceux qui ont besoin de faire fréquemment des comptes d'intérêt.

La méthode des nombres et des diviseurs fixes est cependant restée en usage dans les calculs relatifs aux bordereaux d'escompte et aux comptes courants, parce que alors, au lieu de chercher l'intérêt de chaque article du bordereau ou du compte courant, on ramène tous les articles du bordereau, ou tous ceux du crédit, ou tous ceux du débit du compte, à une échéance commune, de manière à obtenir l'intérêt cherché par une seule division.

Soient trois effets présentés aujourd'hui, 8 janvier, l'un de 500 francs à 15 jours, l'autre de 3675 francs à 35 jours, l'autre de 2387 francs à 17 jours. On cherche le *nombre* de chacun de ces trois effets ; on additionne les trois *nombres* et on divise leur somme par le diviseur fixe correspondant au taux de l'escompte. Ainsi, l'escompte étant à 6 pour 0/0, on écrira :

500	15	75
3675	35	1286
2387	17	405
6562		1766
29 43 int. à 6 p. 0/0		
6532 57 net.		

Quel que fût le nombre des articles du bordereau ou du compte courant, on pourrait additionner les *nombres* qu'ils produisent et diviser le total par le diviseur fixe, puisque le total des *nombres* n'est autre chose que la somme dont l'intérêt pendant un jour serait égal au total des intérêts cherchés.

L'emploi des *nombres* présente un autre avantage : il permet de donner à une série d'effets, au moyen de l'escompte, telle échéance que l'on désire pour la commodité des calculs ou des opérations. Dans l'exemple que nous venons de poser, l'échéance des trois effets a été ramenée, par l'escompte, au 8 janvier. On aurait pu de même porter cette échéance à une époque antérieure ou postérieure en ajoutant au nombre des jours ou en en retranchant. Si l'on avait voulu porter l'échéance au 3 janvier, il aurait suffi d'ajouter cinq jours, et, en retranchant 5 jours, chose toujours facile, on l'aurait portée au 13 janvier.

Mais si, au lieu du 8 janvier, on voulait prendre pour échéance le 28, l'effet de 500 francs, qui avait 15 jours à courir, se trouverait échu et payé depuis 5 jours, et celui de 2387 francs serait également payé et échu depuis trois jours. Pour réduire les trois effets à l'échéance commune du 28 janvier, il faudrait escompter 15 jours d'intérêt à l'effet de 3675 francs, ajouter 3 jours d'intérêt à celui de 500 francs et 3 jours d'intérêt à celui de 2387 francs. La méthode des *nombres* facilite cette opération compliquée.

On relève les nombres et on additionne ensemble ceux qui sont débiteurs sur une colonne à gauche et ceux qui sont créditeurs sur une colonne à droite. On retranche la somme des uns de celle des autres et on calcule l'intérêt à percevoir ou à payer sur la différence. Ainsi dans notre exemple, 25, *nombre* de l'effet de 500, et 551, *nombre* de l'effet de 2387, sont créditeurs, tandis que le 71, *nombre* de l'effet de 3675, est débiteur. On retranchera donc 96, somme des deux premiers *nombres* de 551, et on calculera l'intérêt débiteur sur la différence qui est 455.

On pourra écrire :

500	5		
3675	15	551	25
2387	3		71
6562		96	
7 58 int. à 6 p. 0/0.		455	96
6554 42 net.			

En additionnant ensemble les *nombres* fournis par le premier et le dernier effet et en retranchant la somme du nombre correspondant au second effet, on a une différence qui permet d'obtenir, par une seule division, celle des intérêts dus et des intérêts à percevoir, et cette méthode pourrait être employée sans peine, quel que fût le nombre des effets sur lesquels porteraient les calculs.

BORDEREAUX DIVERS.

Lorsqu'on est habitué au calcul des intérêts, la rédaction des *bordereaux d'escompte* ne peut présenter aucune difficulté, puisque ces bordereaux sont de simples factures d'effets vendus sur lesquels on calcule les intérêts, changes et commissions, pour déduire le prix à payer ou net produit.

Soient à négocier aujourd'hui, 20 janvier, quatre effets, savoir : une lettre de change de 3775 francs, au 15 mars, sur Lyon; une lettre de change de 890 francs, au 28 février, sur Pontoise; un billet de 1285 francs sur Paris, au 5 mars; une lettre de 435 francs, au 15 février, sur Chartres; on inscrit sur une feuille de papier réglée à cet effet l'énumération des lettres et billets, ainsi que les conditions de la négociation, que nous supposons à 7 p. 0/0, dans la forme suivante.

A, B et Cie,

banquiers, rue *n°*

Escompté à M. X, valeur à ce jour.

Paris, 20 *janvier* 185[illegible].

fr.	c.				
3775	»	1/8 let. s/ Lyon................	15 mars...	54	2038
890	»	1/4 let. s/ Pontoise............	28 février.	39	347
1285	»	» bil. s/ place...............	5 mars...	44	565
435	»	1/4 let. s/ Chartres............	15 février.	26	113
6385	»	51, 05 Int. à 6 p. 0/0			3063
		4, 72 Change de 1/8 s/ 3775			
		3, 31 — 1/4 s/ 1325			
		9, 12 Commission de 1/7 pour 0/0			
68	20	agio.			
6317	80	produit net, valeur au 20 janvier 1867.			

On remarquera dans cet exemple que l'escompteur, craignant de tomber sous le coup de la loi qui défend de prêter à plus de 6 pour 0/0, l'élude en percevant une commission qui lui donne le supplément d'intérêt auquel il a droit, si le jeu de l'offre et de la demande fixe à 7 pour 0/0 environ le taux de l'intérêt.

Voici deux autres formules de bordereau d'escompte.

Dans la première, les intérêts et les changes sont calculés partiellement; dans la seconde, les intérêts sont calculés comme dans la première, tandis que les changes sont totalisés autant que possible.

L, B, X et Cie.

Paris, 1er novembre 1866.

Acheté à MM. Robert et Cie, à 6 p. 0/0, valeur ce jour.

SOMMES.		CHANGE.	PRODUIT.		VILLES.	ÉCHÉANCE.	JOURS.	INTÉRÊTS.	
1,545	50	1/10	1	54	Avignon. .	15 novembre...	15	3	86
2,664	09	1/2	13	32	Ancenis. ..	à vue.........	»	6	66
13,220	00	1/10	13	22	Bordeaux..	27 novembre...	27	59	49
7,230	00	1/3	24	10	Quimper. .	28 janvier 1867.	89	107	24
1,040	25	1 1/4	13	00	La Haye. .	15 décembre...	45	7	80
550	18	1 1/2	8	25	Utrecht. ..	25 janvier 1867.	86	7	88
220	75	1	2	20	Gênes.....	12 Id.	73	2	68
335	45	1/2	1	67	Liége.....	5 décembre...	35	1	95
157	90	1/2	0	78	Mons.....	25 novembre...	25	0	65
26,964	12		78	08				198	21
			198	21					
276	29	agio							
26,687	83	net							

L, B, X et Cie.

Paris, 1er novembre 1866.

Acheté à MM. Robert et Cie, à 6 p. 0/0, valeur ce jour.

SOMMES.		CHANGE.	VILLES.	ÉCHÉANCES.	JOURS.	INTÉRÊTS.	
1,545	50	1/10	Avignon..........	15 novembre...	15	3	86
2,664	09	1/2	Ancenis...........	» à vue......		6	66
13,220	00	1/10	Bordeaux..........	27 novembre...	27	59	49
7.230	00	1/3	Quimper..........	28 janvier 1867.	89	107	24
1,040	25	1 1/4	La Haye..........	15 décembre...	45	7	80
550	18	1 1/2	Utrecht...........	25 janvier 1867.	86	7	88
220	75	1	Gênes.............	12 Id.	73	2	68
335	45	1/2	Liége.............	5 décembre...	35	1	95
157	90	1/2	Mons..............	25 novembre...	25	0	65
26,964	12		1/10 p. 0/0 s/fr.	14,765 50		14	76
276	30	agio.	1/2 p. 0/0 s/fr.	3,157 44		15	78
26,687	82	net.	1/3 p. 0/0 s/fr.	7.230 00		24	10
			1 1/4 p. 0/0 s/fr.	1.040 25		13	00
			1 1/2 p. 0/0 s/fr.	550 18		8	25
			1 p. 0/0 s/fr.	220 75		2	20
						276	30

La différence de 1 centime que l'on peut remarquer à la somme du net produit résulte des fractions de centime négligées par la première méthode et totalisées par la seconde.

Sur le bordereau ci-dessus, on coterait à côté, en avant du nom des villes étrangères où chaque effet est payable, le taux du change auquel la monnaie est évaluée et les timbres étrangers dont les effets sont passibles.

Les *bordereaux de rechange* et les *comptes de retraite* ne présentent pas de difficultés plus grandes. Mais ce sont, fort heureusement, des documents beaucoup moins usités que le bordereau d'escompte, parce qu'ils ne sont nécessaires qu'après protêt des effets de commerce et ne sont guère employés qu'en cas de faillite des débiteurs et des endosseurs, souscripteurs ou tireurs auxquels on réclame le montant des effets, lorsqu'on n'a plus pour ceux contre lesquels on réclame aucune espèce de considération.

Citons d'abord les dispositions du Code de commerce en cette matière :

« ART. 177. Le rechange s'effectue par une retraite.

« ART. 178. La retraite est une nouvelle lettre de change au moyen de laquelle le porteur se rembourse, sur le tireur ou sur l'un des endosseurs, du principal de la lettre protestée, de ses frais et du nouveau change qu'il paye.

« La retraite comprend, avec le bordereau détaillé et signé du tireur seulement et transcrit au dos du titre : 1° le principal du titre protesté ; 2° les frais de protêt et de dénonciation, s'il y a lieu ; 3° les intérêts du retard ; 4° la perte de change ; 5° le timbre de la retraite qui sera soumise au droit fixe de 35 centimes.

« ART. 179. Le change se règle pour la France continentale uniformément comme suit : — un quart pour cent sur les chefs-lieux de département ; demi pour cent sur les chefs-lieux d'arrondissement ; trois quarts pour cent sur toute autre place. En aucun cas, il n'y aura lieu à rechange dans le même département. — Les changes étrangers et ceux relatifs aux possessions françaises en dehors du continent seront régis par les usages du commerce. »

Ces dispositions ont eu pour objet de restreindre les abus auxquels avaient donné lieu des comptes de retour chargés de frais fictifs.

Supposons une lettre de change de 500 francs, tirée de Paris sur Vierzon, négociée à Châteauroux et protestée, et cherchons le bordereau de rechange auquel elle pourra donner lieu, si l'on se rembourse sur Châteauroux, par une retraite à vue :

Principal	fr. 500	»
Protêt et frais	12	50
Intérêts de retard (3 jours).	»	25
Perte au change, 1/4	1	25
Timbre de la retraite	»	35
Ports de lettre	»	80
Ensemble	fr. 514	15

Un certain nombre de maisons, voulant éluder la loi et revenir autant que possible aux abus de l'ancien compte de retour, ont imaginé le *Compte* ou *bordereau de retraite.* Ce compte, rédigé sur papier libre et attaché avec une épingle au titre retourné, contient, outre quelques frais judiciaires fictifs ou inutiles, tels que ceux de dénonciation de protêt précédant d'un jour ou accompagnant la retraite, des intérêts sur un retard qui consiste à supposer la lettre échue le jour où elle a été tirée, une commission dont on ne voit pas les motifs et des ports de lettre qui n'ont pas été payés. On écrira, par exemple, un bordereau ou compte de retraite ainsi conçu :

Principal	fr. 500	»
Protêt et frais	21	15
Intérêt de retard, 1 mois..	2	50
Commission 1/2	2	50
Timbre de la retraite	»	35
Ports de lettre	1	50
Perte à la retraite, 1 p. 0/0.	5	»
Ensemble	fr. 533	00

On se remboursera cependant par une retraite de 533 fr. sur Châteauroux. Maintenant, en supposant que l'endosseur de Châteauroux fasse retraite à son tour sur le tireur de Paris en suivant le même système, on voit que les bordereaux de retraite peuvent donner lieu à des abus intolérables.

Il faut observer que ces bordereaux de retraite ne sont pas employés par les maisons qui se respectent, ni par les banquiers en général. Ceux-ci inscrivent simplement au débit de leur cédant le montant de la lettre protestée, les frais réels de protêt et de ports de lettre, le tout valeur au jour de l'échéance de la lettre.

COMPTES COURANTS.

Une fois que l'on connaît bien les méthodes pour le calcul des intérêts que nous avons exposées, la tenue des comptes courants ne présente aucune difficulté sérieuse.

On appelle *compte courant* tout compte sur lequel sont inscrites par *doit* et *avoir* toutes les opérations que deux commerçants font l'un avec l'autre pendant une période donnée. La plupart des comptes courants de commerce ne portent pas intérêt et se règlent en relevant la différence qui existe entre la somme des articles du crédit et la somme des articles du débit.

Mais lorsqu'il y a des avances de capitaux pour un temps qui dépasse l'usage ordinaire, il arrive fréquemment que les sommes avancées et inscrites au compte courant portent intérêt à un taux convenu. A plus forte raison, les comptes courants portent intérêt lorsque les articles qui y sont inscrits sont des remises de capitaux en effets ou en espèces, comme dans le commerce de banque.

Il y a cependant, en banque même, des comptes courants sans intérêt, comme ceux des ayants-compte à la Banque de France. Ils ne donnent lieu à nul calcul d'intérêt et se réduisent à une balance de capitaux qui varie à mesure que l'ayant compte tire ou remet.

Le compte courant avec intérêt exige des calculs plus longs, particulièrement lorsque ses éléments se composent, comme c'est le cas habituel en banque, d'effets de commerce à diverses échéances.

Toute somme remise ou payée en compte courant productif d'intérêt, n'entre en valeur active qu'à dater du jour où elle est réalisée en espèces, ou à un autre terme fixé par les conventions. Ainsi, il peut être convenu que 1000 francs espèces, versés aujourd'hui chez un banquier, ne porteront intérêt contre lui que dans 10 jours, plus ou moins : un effet sur place à 45 jours, quoique remis aujourd'hui, ne portera intérêt que dans 45 jours, au plus tôt, à défaut de conventions. En matière de compte courant, le jour où une somme entre en valeur, soit pour produire intérêt, soit pour faire cesser l'intérêt d'une somme égale contre celui qui la verse, se nomme *échéance*. L'intérêt d'une somme versée en compte courant, court du jour de l'échéance au jour où le compte est arrêté. Si l'arrêté a lieu le 31 décembre, par exemple, l'effet, quelle que soit la date de son entrée et de son encaissement, dont le montant entre en valeur au 15 novembre, ne porte intérêt que pendant 46 jours; la somme avancée le 20 décembre, ou les valeurs antérieurement fournies et réalisables à cette échéance ne produisent intérêt que pendant 11 jours.

On pratique un grand nombre de manières de tenir les comptes courants; mais il n'existe en réalité que deux systèmes. L'un, qui ne s'applique exactement qu'aux comptes dans lesquels l'intérêt court au même taux pour et contre les deux ayants-compte, suppose que toute somme porte intérêt du jour de son échéance à la clôture du compte; le second système, applicable à tous les comptes courants portant intérêt sans distinction, relève les soldes successifs qui peuvent exister en faveur de l'un ou de l'autre des ayants-compte et calcule successivement les intérêts que produisent ces soldes.

Le livre des comptes courants est réglé conformément à la méthode adoptée dans la maison à laquelle il appartient.

Le premier système est généralement pratiqué en France; le second, préféré au dehors, tend à s'introduire chez nous depuis une vingtaine d'années.

On distingue deux méthodes dans le système français :

l'une, directe ou ancienne; l'autre indirecte ou rétrograde, qu'on appelle encore nouvelle, bien qu'elle date de la fin du siècle passé.

Comptes courants avec égalité d'intérêt de part et d'autre. Méthode directe ou ancienne.

Les colonnes du livre des comptes courants sont disposées dans l'ordre suivant : on inscrit d'abord de gauche à droite la date d'entrée, puis la somme, le détail de la somme, le taux du change ou commission, le lieu où chaque effet est payable, puis l'échéance de chaque somme, le nombre de jours pendant lequel on doit calculer l'intérêt. A la dernière colonne de droite, les uns, ceux qui se servent de barèmes ou comptes faits et ceux qui emploient la méthode des parties aliquotes, inscrivent l'intérêt qui a couru pour chaque somme; les autres, la plupart, inscrivent le *nombre*. Cette manière de régler le livre, dont on peut voir un modèle au tableau D, est la même au débit et au crédit.

Les indications que, pour plus de clarté, nous avons placées en tête des colonnes n'existent pas sur les livres de commerce, où elles sont inutiles. Un grand nombre de maisons suppriment aussi la date d'entrée, qui ne sert qu'en cas de recherches et pour les contrôles. En ce cas, la première colonne à gauche du crédit et à gauche du débit est la colonne des échéances.

Dans ce système, on suppose que toute somme entrée soit au débit, soit au crédit, porte intérêt du jour de son échéance au jour du règlement de compte. En effet, si les sommes inscrites, tant au débit qu'au crédit, portent le même intérêt, il importe peu de faire des balances à chaque entrée, puisque la balance des sommes d'intérêts se trouve exactement la même qu'on aurait obtenue en fin de compte par des opérations multipliées.

Soit un compte courant ouvert le 1er mai, et composé d'un article, 1000 francs au débit, échéance du 10 mai, et d'un article, 1500 francs, au crédit, échéance du 25 mai. On règle le compte au 31 mai. En réalité, il se compose : au débit, de 1000 francs, portant intérêt du 10 au 25 mai, soit 15 jours, en *nombres* 15 000 ; au crédit, de l'intérêt de la balance, qui est 500 francs, du 25 au 31 mai, pendant 6 jours, soit en *nombres* 3000. La balance des *nombres* donne 12 000 en faveur du débit.

Par la méthode que nous exposons, on suppose que les 1000 francs du débit ont porté intérêt du 10 au 31 mai ; mais, par contre, on suppose que les 1500 francs du crédit, et non plus la balance de 500 francs seulement, portent intérêt du 25 au 31 mai. Ainsi, on fait porter intérêt indûment pendant 6 jours aux 1000 fr. du débit et à une somme égale au crédit, ce qui n'altère pas la balance. On a aux *nombres* du débit, 21 000 ; à ceux du crédit, 9000 ; balance, 12 000, comme dans le premier cas. On n'a besoin de s'occuper ni de soldes, ni d'échéances communes, ni de ramener telle ou telle somme à une échéance déterminée : tous les calculs sont simples et uniformes, d'autant plus que, dans la pratique, on supprime deux chiffres à droite de chaque *nombre*, et deux chiffres à droite du diviseur fixe. En effet, il faudrait que les fractions négligées s'élevassent à 6000 pour occasionner une erreur de 1 franc au taux de 6 pour 0/0, qu'elles s'élevassent à 7200 pour occasionner une erreur de 1 franc au taux de 5 pour 0/0, et à un chiffre plus élevé pour un taux moindre. Il faut observer que ces fractions étant négligées également au débit et au crédit, il faudrait que cette erreur de 6000 ou de 7200 existât sur la différence, chance peu probable, et en vue de laquelle il n'est pas nécessaire de compliquer les écritures. — Les deux chiffres de droite étant écartés des *nombres*, on les écarte du diviseur fixe et on divise par 60, si le taux de l'intérêt est de 6 pour 0/0, par 72, s'il est de 5 pour 0/0, etc.

Ceci posé, on établit le compte comme au tableau D ci-dessus, dans lequel nous allons prendre un exemple.

Ce compte, que nous supposerons courant entre banquiers, est ouvert à nouveau le 1er juillet et fermé le 31 du même mois. Le premier article qui s'y présente est un solde débiteur de 5000 francs, qui porte intérêt durant 31 jours, ce qui donne pour *nombre* 1550, que l'on inscrit à la colonne des *nombres*. Le 2 juillet, entrée d'une remise de fr. 6378,60, au crédit, en cinq effets à diverses échéances. Le premier de ces effets est de 2345 francs, sur Strasbourg, au 28 juillet : on l'inscrit dans la colonne destinée à recevoir le détail des bordereaux ; dans la colonne suivante, on indique la place où il est recouvrable ; dans la suivante, le change dont il est chargé, puis l'échéance, le nombre de jours pendant lesquels il porte intérêt, et enfin le *nombre*, qui est 70. On en fait de même pour les autres effets, et on porte le total de la remise à la colonne qui suit celle où l'on inscrit la date d'entrée. Le 5 juillet, on paye une traite de 1500 francs de l'ayant-compte ; on l'inscrit à son débit, ainsi que l'échéance, le nombre de jours pendant lesquels l'intérêt court, et enfin le *nombre*. — Le 7, retour d'un effet remis antérieurement par l'ayant-compte : on ajoute au capital de cet effet tous les frais dont il est chargé, tels que ports de lettres, frais de protêt ou autres, jours d'intérêts courus, et on le fait entrer au compte comme un décaissement effectif d'espèces. Ensuite on poursuit de la même manière l'inscription des articles au fur et à mesure de leur entrée. Il n'y a nulle difficulté, tant que les effets qui entrent n'ont pas une échéance postérieure à la date de l'arrêté de compte.

Mais, au 22 juillet, nous voyons entrer au crédit du compte trois effets dont l'un échoit le 5, l'autre le 2, l'autre le 3 août, c'est-à-dire postérieurement au jour où le compte doit être réglé. Il est évident que ces effets ne rapportent aucun intérêt pendant la durée du compte : il est évident même qu'ils ne peuvent pas être admis pour la totalité de leur capital, puisque le jour du règlement leur échéance n'est pas arrivée. Pour les faire entrer régulièrement en compte, il est nécessaire de les ramener à l'échéance du jour du règlement, par un escompte : afin d'y parvenir, on compte le nombre de jours qui sépare leur échéance du jour du règlement et on relève le *nombre*, qui doit être inscrit, non au crédit, mais au débit du cédant, et additionné avec les *nombres* de ce débit. Dans la pratique, on l'inscrit cependant à la suite de l'effet, mais à l'encre rouge, ce qui lui a fait donner le nom de *nombre rouge*. Nous en trouvons deux autres au débit le 25 juillet. Il est clair qu'ils expriment des intérêts courus en faveur du crédit.

Lorsqu'on veut régler le compte, on fait l'addition des *nombres* de chaque colonne, sans tenir compte des *nombres rouges;* puis on additionne ensemble les *nombres rouges* du débit et on en porte le total au crédit, tandis qu'on porte au débit le total de ceux du crédit, aprèsquoi on procède à l'addition et à la balance.

(D) DOIT. *Z et Cie, banquiers à X,*

DATES d'entrée.	SOMMES.		DÉTAIL.		LIBELLÉ.	CHANGES et COMMISS.	ÉCHÉANCES.	JOURS.	NOMBRES.
Juillet 1	5000	»			Solde ancien............		1 juillet	31	1550
Id. 5	1500	»			S/t s/ n/..............		5 Id.	26	390
Id. 7	506	75			Ret d'Aix..............		7 Id.	24	122
			340	50	Briançon..............	5/8	15 Id.	16	55
			775	70	Moulins................	3/8	13 Id.	18	140
			435	»	Marseille..............	1/4	21 Id.	10	44
			210	»	Barcelonnette...........	5/8	19 Id.	12	25
Id. 10	2285	20	1124	»	Chinon.................	1/4	30 Id.	1	11
			2385	20	Blois..................	3/8	17 Id.	14	334
Id. 12	2588	25	203	05	Leches.................	1/4	26 Id.	5	10
			1727	10	Bruxelles..............	1/4	20 Id.	11	190
			134	»	Vendôme................	3/8	21 Id.	10	13
			653	40	Beaugency..............	3/8	22 Id.	9	58
Id. 15	373	70	1223	20	Lyon...................	1/4	20 Id.	11	135
			1892	90	Zurich...	1/2	5 août.	5	**95**
Id. 25	884	05	3954	15	Turin..................	3/4	10 Id.	10	**395**
					Nombres rouges.........	....	....	..	117
	1	90			Intérêt à 6 0/0.				
			10	39	Change à 1/4 s/ 4159.75				3194
			10	15	— à 5/8 s/ 1624 »				
			42	39	— à 3/8 s/ 11303.40				
			26	40	— à 3/4 s/ 3520 »				
			7	55	— à 1 1/4 s/ 624.10				
	119	49	22	61	— à 7/8 s/ 2583 »				
	4686	31			Solde créditeur au 31 juill.				
	26884	65							

Ainsi, dans notre exemple, nous avons en *nombres rouges :* au débit, 490; au crédit, 117. Nous additionnons les 117 de la colonne du crédit avec les *nombres* de la colonne du débit, et les 490 de la colonne du débit avec les *nombres* de la colonne du crédit, et nous relevons 834, comme balance définitive des *nombres*. L'intérêt du compte étant supposé à 6 pour 0/0, on divise cette balance par 60 et on obtient directement le chiffre de fr. 13,90, solde des intérêts.

Ensuite, lorsqu'il y a lieu, comme dans notre compte, on relève les changes. On additionne ensemble, sur une feuille volante, les sommes passibles du même change, soit 1/4, par exemple ; on calcule le produit de ce change

leur compte au 31 *juillet.* AVOIR.

DATES d'entrée.	SOMMES.	DÉTAIL.	LIBELLÉ.	CHANGES et commiss.	ÉCHÉANCES.	JOURS.	NOMBRES.
		2345 »	Strasbourg..............	1/4	28 juillet	3	70
		371 50	Nancy.............	1/4	9 Id.	22	82
		990 »	Briey..................	5/8	25 Id.	6	59
		787 10	Sarreguemines...........	3/8	12 Id.	19	150
Juillet 2	6378 60	1885 »	Mirecourt...............	3/8	24 Id.	17	132
		634 »	Amsterdam..............	5/8	20 Id.	11	70
Id. 4	1129 »	495 »	Aix-la-Chapelle..........	3/4	17 Id.	14	69
		5954 »	Londres.	3/8	26 Id.	5	298
Id. 8	7397 25	1443 25	Genève..................	1/4	21 Id.	10	144
Id. 11	3000 »		N/ t/....................	....	20 Id.	11	330
Id. 19	2395 »		Ret/ de n/r s/ Blois.......	....	18 Id.	13	311
		282 30	Jersey...................	3/8	5 août.	5	**11**
		624 10	Utrecht...........	11/4	2 Id.	2	**12**
		2583 »	Cologne...	7/8	25 juillet	0	155
Id. 22	6514 40	3025 »	Trèves..................	3/4	3 août.	3	**91**
			Nombres rouges....	....	....	..	490
			Balance des nombres.....	....	....	..	834
		13 04	Change à 1/4 s/ 5219.10				
		3 43	— à 5/8 s/ 550.50				3194
		14 81	— à 3/8 s/ 3948.30				
		9 46	— à 1/2 s/ 1892.90				
	70 40	29 66	— à 3/4 s/ 3954.15				
	26884 65						

et on le porte au compte, dans la forme que nous indiquons. Seulement, il faut bien observer que les changes étant dus par le cédant des effets, comme les intérêts des *nombres rouges*, ceux des effets du crédit doivent être portés au débit, et réciproquement ceux des effets du débit doivent être portés au crédit, après quoi on balance le compte en la forme ordinaire.

Laissons de côté le calcul des changes et commissions, qui se fait ou peut se faire de la même manière et dans la même forme avec toutes les méthodes, et examinons celle-ci. Ses avantages et ses inconvénients sont bien apparents. Au lieu de calculer l'intérêt partiel de chaque effet ou de chercher des échéances communes et de faire de nombreuses balances, on se contente de relever les *nombres*, de les additionner et de chercher l'intérêt sur la balance de leurs sommes, après quoi on solde le compte sans difficulté. Mais cet avantage est acheté par des inconvénients graves : 1° Pour relever les jours et les nombres, il faut connaître le jour du règlement de compte : or, ce jour étant à venir, et toujours incertain, on peut fermer le compte avant le jour présumé. Si on relève d'avance les jours et les nombres, on peut avoir fait un travail inutile, et si on ne les relève pas, on accumule une quantité énorme de travail pour les fins de trimestre ou de semestre; 2° les *nombres rouges*, très-fréquents à cause des remises de fin de trimestre ou de semestre, sont une cause incessante d'erreurs, parce qu'ils exigent de la part des comptables une attention vigilante à laquelle ceux-ci ne sont pas habitués. Ces inconvénients sont très-sensibles chez les banquiers qui sont, de tous les commerçants, ceux qui se servent le plus des comptes courants.

Dans le temps où cette méthode était en usage et dans les pays qui s'en servent encore aujourd'hui, il faut attendre la fin du trimestre ou du semestre pour remplir la colonne des jours et celle des *nombres*. Si l'ayant-compte demande à fermer avant la fin du trimestre ou du semestre, on règle son compte au jour où on se trouve. Mais il faut faire un travail en dehors du travail courant, et vers la fin du semestre ou du trimestre, un mois, six semaines à l'avance, employer les commis à relever, sur des feuilles réglées à cet effet, le compte de chacun, sauf à ne rapporter sur les livres les jours et les nombres qu'à la fin du trimestre ou du semestre, lorsque l'époque à venir sur laquelle tous les calculs sont fondés est arrivée. C'est une grande cause de désordre dans la discipline des bureaux, dans la comptabilité et dans les relations avec la clientèle.

Méthode indirecte ou nouvelle.

C'est pour obvier à ces inconvénients que l'on a péniblement introduit dans la banque, à la fin du dernier siècle, la méthode dite nouvelle, que l'on appelle aussi quelquefois *rétrograde* ou *indirecte* et qui est actuellement la plus employée. En réalité, elle n'est pas plus indirecte que la méthode ancienne : celle-ci procède par l'addition, au compte, des intérêts produits par chaque article du jour de son entrée à un jour déterminé, pris dans l'avenir. La méthode nouvelle procède par soustraction des intérêts que devrait chaque effet pour être ramené, par l'escompte, à une échéance prise à un jour passé, qui est généralement celui de l'ouverture du compte : elle consiste à prendre pour point de départ, ou, comme on dit, pour *époque* un jour antérieur à la plus ancienne échéance comprise dans le compte, ou le jour même de cette échéance, à déduire de chaque article compris dans le compte, tant au crédit qu'au débit, les intérêts nécessaires pour le porter en valeur au jour fixé comme point de départ, puis à relever la balance des capitaux et à en porter en compte l'intérêt depuis le premier jour jusqu'à celui où l'on règle le compte.

Un exemple fera comprendre la simplicité de cette méthode. Soit un compte courant composé de deux articles : l'un au débit, l'autre au crédit, le premier de 1000 francs, le second de 1500 francs, entrés l'un et l'autre le 5 juillet et portant également intérêt à 6 pour 0/0. Si l'on voulait régler le compte au 31 juillet, il suffirait de faire la balance des capitaux qui est 500 francs, d'en calculer l'intérêt du 5 au 31 juillet, soit fr. 2,16, de l'inscrire au crédit du compte que l'on solderait ensuite par fr. 502,16. Le résultat serait le même si, conformément à l'ancienne méthode, on calculait l'intérêt de 1000 francs, d'une part, de 1500 francs, de l'autre, et si l'on en relevait ensuite la différence pour l'inscrire seule au crédit du compte. On aurait encore le même résultat si, prenant pour point de départ le 1er juillet ou tout autre jour antérieur, on escomptait à ce jour l'un et l'autre article, c'est-à-dire si on en déduisait l'intérêt courant entre le 1er juillet et le jour de l'échéance, et si, ensuite, on prenait l'intérêt de la balance. On sait qu'en comptabilité, porter une somme au débit équivaut à la retrancher du crédit, et réciproquement. Ainsi, dans notre exemple, si l'on voulait faire partir le compte du 1er juillet, on aurait en *nombres*, au débit, $1000 \times 5 = 5000$, et au crédit $1500 \times 5 = 7500$. En inscrivant à la colonne des *nombres* 5000 au crédit et 7500 au débit, on aurait ramené les deux articles, valeur au 1er juillet : on obtiendrait sans peine le compte définitif en relevant le *nombre* destiné à donner l'intérêt de la balance depuis le 1er juillet jusqu'au jour, quel qu'il pût être, du règlement du compte, en ajoutant ce *nombre* à la colonne des *nombres* à retrancher du crédit de celui qui doit la balance.

Par l'ancienne méthode, on aurait, dans notre exemple, au débit, $1000 \times 26 = 26\,000$; au crédit, $1500 \times 26 = 39\,000$; solde des deux *nombres*, 13 000 représentant l'intérêt en faveur du crédit. Par la nouvelle méthode, on ramène les deux articles, valeur au 1er juillet, ce qui donne au débit, $1000 \times 5 = 5000$, à porter à la colonne des *nombres* du crédit, et au crédit, $1500 \times 5 = 7500$ à porter à la colonne des *nombres* du débit; puis on solde les capitaux et on prend l'intérêt de ce solde, soit 500 francs du 1er au 31 juillet, 31 jours, en *nombres*, $500 \times 31 = 15\,500$. S l'on porte ce *nombre* avec les 5000 francs de la colonne du crédit et que l'on balance, l'on a $5000 + 15\,500 - 7500$

= 13 000, balance déjà trouvée par l'ancienne méthode, et qu'on aurait obtenue en balançant les capitaux au 5 juillet, et en cherchant le *nombre* du solde de 500 francs : on aurait eu, en effet, 500 × 26 = 13 000, nombre sur lequel on calcule l'intérêt.

Les mêmes raisonnements s'appliquent avec une extrême facilité aux comptes courants composés généralement d'articles à échéances diverses. Modifions un peu notre hypothèse : supposons qu'au lieu de se composer de deux articles ayant la même échéance, le 5 juillet, les deux articles aient une échéance différente, le premier de 1000 francs au débit, valeur au 5 juillet, et le second, de 1500 francs au crédit, valeur au 20 juillet. Il s'agit de régler le compte au 31 juillet; nous prenons le 5 de ce mois pour point de départ et nous disons :

« Si les deux capitaux étaient valeur au 5, il suffirait de prendre la balance, soit 500 francs, d'en calculer l'intérêt à 6 pour 0/0 jusqu'au 31 juillet, de porter cet intérêt au crédit et de solder le compte. Pour procéder ainsi, que faut-il faire? Tout simplement ramener à l'échéance du 5 juillet l'article qui échoit au 20, ce qui est facile, en en retranchant l'intérêt qu'il *n'a pas* porté, du 5 au 20 juillet. » On cherche le *nombre*, en multipliant le capital par le chiffre des jours écoulés, du 5 au 20, et on a : 1500 × 15 = 22 500; puis, on calcule l'intérêt à 6 pour 0/0 et l'on trouve fr. 3,75 que l'on peut, soit retrancher de la somme de 1500 francs, soit, ce qui revient exactement au même, ajouter au capital du débit, qui, dans notre exemple, est 1000 francs. Ensuite, on solde le compte comme si les deux capitaux avaient eu la même échéance, ainsi que nous l'avons indiqué plus haut.

On peut comprendre sans peine cette méthode en remarquant qu'après avoir ramené, par l'escompte, tous les articles du crédit et du débit valeur au jour de la première échéance, il reste à calculer seulement l'intérêt de la balance des capitaux du jour où tous les articles entrent en valeur au jour du règlement du compte. Si, au lieu de ramener d'abord les articles valeur à l'*époque*, et de relever ensuite les intérêts de la balance on règle les deux opérations en même temps, c'est simplement pour économiser les opérations arithmétiques et ne calculer que sur un seul solde de *nombres*.

La multiplicité des articles et des échéances, tant au crédit qu'au débit, n'altère en rien cette méthode, qui consiste à ramener, par l'escompte, tous les capitaux à l'échéance adoptée pour point de départ. Seulement, dans la pratique et pour abréger, au lieu d'escompter séparément chaque article, tant au débit qu'au crédit, on relève le *nombre* que donne son échéance et on l'inscrit sur la même ligne, dans une colonne à ce destinée; puis, lorsqu'on veut régler le compte, on additionne ensemble les

(E) DOIT. *Z. et Cie, banquiers à X,*

DATES d'entrée.	SOMMES.		DÉTAIL.		LIBELLÉ.	CHANGES et commiss.	ÉCHÉANCES.	JOURS.	NOMBRES.
Juillet 1	5000	»			Solde ancien............		1 juillet		
Id. 5	1500	»			S t s/ n/........		5 Id.	5	75
Id. 7	506	75			Ret. d'Aix..............	5/8	7 Id.	7	35
			340	50	Briançon................	3/8	15 Id.	15	51
			775	70	Moulins.................	1/4	13 Id.	13	101
			435	»	Marseille...............	5/8	21 Id.	21	91
			210	»	Barcelonnette...........	1/4	19 Id.	19	40
Id. 10	2885	20	1124	»	Chinon..................	3/8	30 Id.	30	337
			2385	20	Blois................ ..	1/4	17 Id.	17	405
Id. 12	2588	25	203	05	Loches..................	1/4	26 Id.	26	53
			1727	10	Bruxelles...............	3/8	20 Id.	20	345
			134	»	Vendôme.................	3/8	21 Id.	21	28
			653	40	Beaugency..	1/4	22 Id.	22	144
Id. 15	3737	70	1223	20	Lyon....................	1/2	20 Id.	20	245
			1892	90	Zurich..................	3/4	5 août.	36	681
Id. 25	5848	05	3954	15	Turin...................		10 Id.	41	1621
					Balance des capit. 4749.30			31	1472
	13	90			Balance des nombres.				834
			10	39	Change à 1/4 sur 4159.75				
			10	15	— à 5/8 s/ 1624				6558
			42	39	— à 3/8 s/ 11303.40				
			26	40	— à 3/4 s/ 3520				
	119	49	7	55	— à 1 1/4 s/ 624.10				
			22	61	— à 7/8 s/ 2583				
	4686	31			Solde créditeur au 31 juill.				
	26884	65							

nombres de la colonne du débit, d'une part, et, de l'autre, ceux de la colonne du crédit, et on en relève la balance qui, seule, est nécessaire au règlement du compte et sur laquelle, seule, on calcule les intérêts.

Les *nombres* de la colonne du débit correspondent aux intérêts *à déduire* des capitaux du débit pour les ramener à l'échéance commune : les *nombres* de la colonne du crédit correspondent également aux intérêts qu'il faut *déduire* des capitaux du crédit pour les ramener à l'échéance commune. Au lieu de faire la soustraction de part et d'autre, on peut porter les intérêts résultant des *nombres* du débit à la colonne du crédit, et les intérêts résultant des *nombres* du crédit à la colonne du débit, et comme,

leur compte au 31 juillet. AVOIR.

DATES d'entrée.	SOMMES.		DÉTAIL.		LIBELLÉ.	CHANGES et COMMISS.	ÉCHÉANCES.	JOURS.	NOMBRES.
			2345	»	Strasbourg...............	1/4	28 juillet	28	657
			371	50	Nancy....................	1/4	9 Id.	9	33
			950	»	Briey....................	5/8	25 Id.	25	247
			787	10	Sarreguemines............	3/8	12 Id.	12	94
Juillet 2	6378	60	1885	»	Mirecourt................	3/8	24 Id.	24	452
			634	»	Amsterdam................	5/8	20 Id.	20	127
Id. 4	1129	»	495	»	Aix-la-Chapelle..........	3/4	17 Id.	17	84
			5954	»	Londres..................	3/8	26 Id.	26	1548
Id. 8	7397	25	1443	25	Genève...................	1/4	21 Id.	21	303
Id. 11	3000	»			N/ t/....................		20 Id.	20	600
Id. 19	2395	»			Ret/ de n/ r/ s/ Blois...		18 Id.	18	431
			282	30	Jersey...................	3/4	5 août.	36	102
			624	10	Utrecht..................	1 1/4	2 Id.	33	206
			2583	»	Cologne..................	7/8	25 juillet	25	646
Id. 22	6514	40	3025	»	Trèves...................	3/4	3 août.	34	1028
			13	04	Change à 1/4 s/ 5219.10				
			3	43	— à 5/8 s/ 550.50				
			14	81	— à 3/8 s/ 3948.30				
			9	46	— à 1/2 s/ 1892.90				
	70	40	29	66	— à 3/4 s/ 3954.15				6558
	26884	65							

pour abréger, on relève la balance des *nombres*, il suffit de porter l'intérêt qui ressort de cette balance à la colonne du débit, si la balance est en faveur des *nombres* inscrits au crédit, et à la colonne du crédit, si elle est en faveur des *nombres* inscrits au débit. Il suffit ensuite de relever la balance des capitaux, d'en calculer l'intérêt, du jour de l'échéance à laquelle tous les articles ont été ramenés au jour du règlement de compte, et d'ajouter cet intérêt au profit de celui qui se trouve créditeur de la balance.

Nous allons prendre pour exemple le compte que nous avons déjà dressé par l'ancienne méthode et qui se trouve au tableau E ci-dessus, établi selon la nouvelle. On remarquera tout d'abord que la réglure des livres est la même dans l'une et dans l'autre : les dates d'entrée, les sommes, le détail des bordereaux, les lieux de recouvrement, les changes, les échéances, les jours d'intérêt à calculer, et enfin les *nombres*, se placent dans le même ordre. La seule différence consiste en ce que l'on calcule les intérêts sur les jours écoulés entre un jour antérieur et, par conséquent, connu, qui est ordinairement celui de l'ouverture du compte, et celui de l'échéance de chaque article.

Ainsi, dans notre exemple, le compte est ouvert le 1er juillet, par un solde de 5000 francs au débit. Cette somme, étant en valeur et portant intérêt du 1er juillet, n'est passible d'aucun escompte. Il n'en est pas de même de la remise de fr. 6378,60, qui figure au crédit à la date du 2 juillet : les cinq effets, à échéances diverses dont elle se compose, doivent être ramenés valeur au 1er juillet, pour pouvoir être balancés en capital dès qu'on jugera convenable de régler le compte. L'effet de 2345 francs sur Strasbourg échoit le 28 juillet : il faut donc en déduire l'intérêt de 28 jours pour le ramener en valeur au 1er juillet; on relève en conséquence le *nombre* qui doit donner cet intérêt, soit 657, et on l'inscrit à la colonne des *nombres*. On fait de même pour les autres effets, passibles respectivement d'un escompte de 9, 25, 12 et 24 jours, qui donnent les *nombres* 33, 247, 94 et 452. On opère de même sur les bordereaux du 4 et du 8, au crédit; sur le décaissement du 5, sur le retour du 7, au débit, et généralement sur toutes les sommes qui entrent en compte, jusqu'au jour du règlement.

Le moment de régler, quel qu'il soit, étant arrivé, la colonne des *nombres* du crédit correspond à l'escompte, dont les sommes qui y figurent seraient passibles pour entrer en valeur au 1er juillet. De même, la colonne des *nombres* du crédit donne le montant de l'escompte dont sont passibles les sommes qui y figurent pour entrer en valeur à cette même date, du 1er juillet. Mais retrancher une somme du débit ou la porter au crédit donne exactement le même résultat, comme retrancher une somme de crédit ou la porter au débit. D'ailleurs on ne cherche qu'une balance, et en faisant celle des *nombres* on verrait lequel, du débit ou du crédit, doit en rester chargé, après quoi, toutes les valeurs entrées au compte y figureraient également valeur au 1er juillet. Il suffit alors, pour obtenir la balance définitive des intérêts, de calculer ceux qu'a produits la balance des capitaux, depuis le 1er juillet, date de toutes les échéances, jusqu'au jour du règlement de compte.

Au lieu de séparer cette opération en deux fois, on inscrit tout simplement le *nombre* que donne la balance des capitaux au bas de la colonne de ceux qui doivent être portés en faveur de celui auquel appartient la balance; puis on fait l'addition et le solde des *nombres*, et on porte l'intérêt qui en résulte au crédit de qui de droit. On ajoute, tant au crédit qu'au débit, les changes, commissions, courtages, etc., et on solde le compte.

Les avantages de cette méthode nouvelle, qui procède par l'escompte, sont très-considérables et très-apparents. On peut en indiquer trois principaux : 1° elle permet d'établir sur les livres, à l'instant même de chaque remise ou somme versée, le calcul des jours et celui des *nombres*, ce qui répartit le travail également sur toute l'année; 2° elle permet d'arrêter le compte précisément au jour que l'on veut, sans ajouter sur les livres autre chose que l'arrêté et le solde; 3° elle permet d'éviter facilement l'emploi des *nombres rouges*.

Il faudrait des *nombres rouges* cependant, si l'on voulait porter en compte directement des articles antérieurs à la date choisie pour point de départ, des articles omis au compte précédent, par exemple, ou des retours, dans les maisons où on tient les écritures par compte d'effets. Mais ces articles, très-peu nombreux, peuvent être portés valeur au jour de l'entrée : il suffit pour cela d'ajouter au montant de l'effet retourné les changes, intérêts et frais de toute sorte dont il se trouve chargé jusqu'à ce jour, et d'ajouter les intérêts gagnés par l'article omis, depuis le jour de son échéance, jusqu'au jour de l'entrée en compte. Si on préférait, toutefois, procéder par *nombres rouges*, la chose serait facile : on calculerait les jours, depuis l'échéance de l'article, jusqu'à l'échéance commune, et l'on porterait le *nombre*, lequel correspond à un intérêt qui doit être *ajouté* au capital, à la colonne où se trouvent les *nombres* qui doivent y être ajoutés, et à la colonne opposée on l'inscrirait à l'encre rouge. Mais le motif qui avait fait adopter les *nombres rouges*, dans la méthode par addition, n'existe pas dans la méthode par soustraction, puisque, par la première, on ne pouvait faire de calculs d'intérêt qu'au moment de régler le compte, tandis que la seconde permet de faire tous les calculs préliminaires à la date même de l'entrée de chaque article, et qu'il n'y a nulle raison d'ajourner un travail qui peut être fait à l'instant même. Dans la pratique, la méthode par soustraction est presque la seule employée, et les maisons vigilantes n'y emploient jamais les *nombres rouges*.

L'établissement des comptes courants par *nombres*, addition des colonnes, balance des sommes et division du solde par le diviseur correspondant aux taux d'intérêt, n'est pratiquable que dans le cas où l'intérêt qui court au profit de l'un et de l'autre ayant-compte est le même. C'est ce qui existe souvent entre banquiers d'escompte et de recouvrement; mais, entre banquier et négociant, il est rare que l'intérêt coure au même taux pour l'un et pour l'autre.

On stipulera, par exemple, que l'intérêt courra à 5 pour 100 au profit de l'ayant-compte, et 6 pour 100 au profit du banquier. Les stipulations du même genre sont très-fréquentes entre les maisons de haute banque et les banquiers inférieurs, et entre les maisons de banque établies sur des places où le taux courant de l'intérêt n'est pas le même.

En ce cas même, on suit très-souvent, pour la tenue des comptes courants, la méthode décrite précédemment. Mais il suffit de réfléchir un moment aux éléments de cette méthode pour voir qu'elle ne peut s'appliquer exactement aux comptes courants dans lesquels l'intérêt n'est pas le même de part et d'autre. Un exemple rendra sensible l'erreur, volontaire ou involontaire, des maisons qui l'appliquent aux comptes courants dans lesquels l'intérêt n'est pas le même au crédit et au débit du compte.

Supposons entre Jean et Robert, qui tient les livres, un compte courant qui n'ait qu'un article au crédit et un article au débit, soit, au crédit 25 000 francs, valeur au 1er septembre, et au débit, 10 000 fr., valeur au 1er juillet: le compte est arrêté au 31 décembre; l'intérêt court au profit de Jean à 5 pour 100, et à 6 pour 100 au profit de Robert. Si l'on établit le compte d'après la méthode indiquée ci-dessus, on trouve au débit, à la colonne des jours, 184, et à celle des *nombres*, 18 400 : au crédit, 122 jours, et à la colonne des *nombres* 30 500. En divisant 18,400 par 60, diviseur correspondant à 6 pour 100, on obtient pour quotient 306 fr. 66 c., et en divisant 30 500 par 72, diviseur correspondant à 5 pour 0/0, on a pour quotient 423 fr. 62 c., différence des deux quotients, 116 fr. 96 c., somme qui représenterait l'intérêt dû à Jean.

Mais en examinant le compte de plus près, on s'aperçoit bien vite qu'au 1er septembre l'intérêt des 10 000 fr. fournis le 1er juillet cessait de courir contre Jean, lequel avait à son crédit 25 000 fr. Le compte vrai se compose évidemment : 1° au débit, de l'intérêt de 10 000 francs à 6 pour 100 jusqu'au 1er septembre; 2° au crédit, de l'intérêt de 15 000 francs à 5 pour 100 jusqu'au 31 décembre.

Il ne s'agit plus, comme dans les comptes où l'intérêt court de part et d'autre au même taux, d'obtenir une différence en fin de compte, mais de constater une différence réelle des capitaux et l'intérêt de cette différence au profit de qui il appartient. Pour obtenir l'intérêt au débit, on multiplie 10 000 par 62, nombre des jours pendant lesquels il a couru, et l'on obtient pour produit 6200, qui, divisés par 60, donnent au quotient 103 fr. 33 c. Pour obtenir l'intérêt de 15 000 francs, du 1er septembre au 31 décembre, on multiplie cette somme par 122, nombre de jours pendant lesquels cet intérêt a couru, et l'on a pour produit 18,300, qui, divisé par 72, donne un quotient de 254 fr. 16c. La différence entre cette somme et 103 fr. 33 c., montant des intérêts au débit, est 150 fr. 83 c., balance réelle du compte d'intérêts. Par l'autre méthode, on avait obtenu 116 fr. 96, somme inférieure à celle-ci de 33 fr. 87 c. Cette différence entre les deux résultats vient de ce que l'on aurait compté l'intérêt de 10 000 francs à 6 pour 100 contre Jean, tandis qu'on ne comptait qu'à 5 pour 100 l'intérêt de la même somme à son profit pendant 122 jours.

On peut sans doute trouver plus commode de régler les comptes par cette méthode, la plus simple et la plus uniforme de toutes, et on peut, par une convention, accepter d'avance cette manière de régler, qui grève d'un supplément d'intérêt celui au profit duquel l'intérêt court à un taux moindre. Il y perd d'autant moins en ce cas qu'il reste plus constamment à découvert et qu'il remet moins, et le supplément d'intérêt qu'il supporte

H et Cie de *s/ cte*

1867, janvier 5	s/ reçu........................	500	130
10	id.	1000	210
		Balance des nombres.	95
			435

est une des charges de l'espèce de commandite dont il profite.

Si les deux méthodes, ancienne et nouvelle, que l'on pratique généralement en France, ne sont pas applicables aux comptes courants dans lesquels le taux d'intérêt qui court n'est pas le même de part et d'autre, elles ne doivent pas s'appliquer, à plus forte raison, à ceux dans lesquels l'intérêt court au profit d'un des ayants-compte seulement, ce qui est le comble de l'inégalité.

Cependant, il est un cas, fréquent dans la pratique, où l'on peut sans erreur se servir pour le règlement des comptes courants, même lorsque l'intérêt ne doit pas courir au même taux au *doit* et à l'*avoir*, des deux méthodes que nous venons de décrire : c'est le cas où l'un des deux ayants-compte reste constamment créancier ou constamment débiteur.

Ainsi, dans les comptes d'espèces ou comptes de dépôt qu'un particulier a chez son banquier, il est de règle que le banquier soit toujours débiteur. Alors l'emploi des méthodes que nous venons d'indiquer ne cause aucune erreur, mais à une condition, c'est qu'on commence toujours par balancer les *nombres* et qu'on calcule les intérêts sur la balance seulement.

En ce cas, en effet, il n'y a jamais d'intérêt au profit du débiteur et les *nombres* que l'on relève à son compte ne servent qu'à calculer les intérêts qu'il ne doit pas.

Prenons pour exemple, afin de rendre cette vérité plus sensible, un compte composé de quatre articles seulement entre H et J, dont nous tenons les livres. Au 1er janvier,

ct d'espèces au 31 *janvier* 1867.

1867, janvier 1er	solde du 31 décembre............	1000	310
6	versé espèces......................	500	125
			435

le compte se solde par 1000 francs au crédit de H.; le 5, H. prend 500 francs qu'il verse de nouveau le 6, et, le 10, il prend 1000 fr. Ce compte réglé au 31 janvier et établi par la méthode directe, se présente dans la forme ci-dessus.

Discutons maintenant ce compte en relevant les soldes. Nous trouvons à l'*avoir* 1000 fr. dont l'intérêt court du 1er au 5 janvier, 500 francs dont l'intérêt court du 5 au 6 janvier et 1500 francs dont l'intérêt court du 6 au 10 janvier. Nous avons donc :

1000×5.........	50
500×1.........	5
1000×4.........	40
	95

C'est-à-dire le même *nombre* précisément que par la méthode ordinaire et par conséquent le même intérêt. Il s'élèvera à fr. 1,58, si le taux est de 5 pour 0/0.

Au lieu d'employer la méthode des *nombres* pour le calcul des intérêts, des maisons de banque très-bien tenues préfèrent relever directement les intérêts par la méthode des parties aliquotes. Elles trouvent que cet usage écarte de nombreuses chances d'erreur et facilite les vérifications. Elles y trouvent un autre avantage, c'est de tenir en éveil le corps et l'intelligence des employés qui font les calculs. En ce cas, on relève uniformément l'intérêt à 6 pour 0/0 de chaque article ; on en fait la somme par une addition au moment de régler le compte, et c'est sur cette somme seule qu'on opère pour obtenir l'intérêt, quel qu'il soit, qu'il s'agit de trouver. Voici un exemple de compte d'espèces ordinaire, c'est-à-dire toujours créditeur, que nous empruntons à la pratique en le reproduisant tel qu'il est, sans aucune indication en tête des colonnes. Il est tenu par la méthode rétrograde, et les intérêts, relevés à 6 pour 0/0 au moyen des parties aliquotes, sont ramenés à un autre taux à chaque règlement de compte.

La première colonne à gauche est affectée aux dates d'entrée, la seconde aux sommes, la troisième au détail des changes ou commissions, la quatrième au libellé des articles, et la cinquième aux échéances. Dans la sixième se trouvent indiqués les jours d'intérêt à déduire, et dans la septième les intérêts calculés à 6 p. 0/0 par la méthode des parties aliquotes.

Nous trouvons à l'avoir un solde de fr. 37 597,15, valeur au 30 juin, *époque* à laquelle on doit ramener tous les articles par l'escompte.

Au 15 juillet, L. G. prend 1000 fr. Pour les ramener valeur à l'époque, il faut relever l'intérêt qu'ils auraient produit en 15 jours. Le centième de 1000 est 10, et 15 étant le 1/4 de 60, l'intérêt à 6 p. 0/0 est fr. 2,50 que l'on inscrit dans la colonne à ce destinée. On relève de même l'intérêt des quatre articles suivants qui donne fr. 10.65, 3.10, 5.25, 29. On ramène de même en valeur à l'époque le seul article qui se trouve au crédit. Ce sont fr. 3 100,30 fournis au 6 octobre, 99 jours après l'époque et devant payer fr. 51,15 d'intérêt à 6 p. 0/0 pour entrer en valeur au 30 juin.

Ceci fait, on relève au 1er octobre, pour régler le compte, la balance des capitaux, qui est de fr. 34 697.45 en faveur du débit et on en calcule l'intérêt à 6 p. 0/0 pendant 100 jours jusqu'au 1er octobre, puis on l'ajoute aux intérêts calculés au débit et on balance par fr. 577,65 d'intérêts à 6 p. 0/0. En divisant cette somme par deux, on obtient sans peine l'intérêt cherché, qui est à 3 p. 0/0 et s'élève à fr. 288.80, dont on crédite L. G.

Le reste du compte se comprend facilement à la lecture, sans aucune explication.

DOIT. **MONSIEUR L. G.**

Date	Capitaux		Libellé	Échéance	Jours	Nombres
1866.						
juill. 15	1000		N/ Payement suiv. reçu	15 juil.	15	2 50
août 1	2000		» »	1 août.	32	10 65
6	500		» »	6 »	37	3 10
sept. 1	500		» »	1 sept.	63	5 25
25	2000		» »	25 »	87	29
			34697.45. B^et^ des cap.	8 oct.	100	578 30
	7 75		C^on^ 1/4, s. fr. 3100.30 crédit.			
	34978 50		Solde au 1er octobre 1866.			
	40986 25					628 80
oct. 16	1000		N/ Payement suiv. reçu	16 oct.	8	1 35
nov. 2	4500		» »	2 nov.	25	18 75
déc. 9	2000		» »	9 déc.	62	20 65
»	4 50		Timbre à fr. 8300 s/ Paris	» »		
28	2500		N/ payement suiv. reçu	28 »	81	33 75
29	18361 95		N/ achat de 60 oblig. nord.	29 »	82	250 25
			14912.05 B^et^ des cap.	31 »	84	208 75
		20 75	C^on^ 1/4 s/ 8300 s/ reçu.			
	43 70	22 95	C^on^ au 1/8 s/ 18361.95, n/ achat du 29 déc.			
	15142 90		Solde au 31 déc. 1866.			
	43553 05					534 20
1867.						
févr. 10	2000		S/ reçu	10 fév.	41	13 65
mars 28	1000		»	28 mars	88	14 65
avril 12	1200		»	12 avril.	103	20 60
mai 30	1000		»	30 mai.	151	25 15
			13659.15 B^et^ des cap.	30 juin.	182	414 35
		9 30	C^o^ 1/4 s/ 3716.25.			
	15 30	6	Droit de garde s/ 60 obl. du nord.			
	14023 90		Solde au 30 juin 1867.			
	16239 20					488 40

SUR L. G. AVOIR.

1866.	37597 15		Solde	30 juin	Ép.	
oct. 6	3100 30		net £ 123.15.0 Londres	7 octobre	99	51 15
	288 80		Int. à 3 0/0.			577 65
	40986 25					628 80
	34978 50		Solde	1er octob.	Ép.	
déc. 2	8300		Londres payable Paris	4 mars	148	204 75
	274 55		Int. à 5 0/0.			329 45
	43553 05					534 20
1867.	15142 90		Solde	31 déc.	Ép.	
fév. 2	2140 75		net £ 85. Londres	3 févr.	34	12 15
20	438		Enc. 60 coup. oblig. nord.	5 »	36	2 60
avril 1	1137 50		Net £ 45.6.3. Londres.	2 avril	93	17 60
	380 05		Int. à 5 0/0.			456 05
	19239 20					488 40
	14023 90		Solde au 30 juin 1867.			

COMPTES COURANTS PAR SOLDES.

Méthode Hambourgeoise.

Le système des soldes s'applique sans peine à tous les cas imaginables. C'est en réalité le plus vrai et le plus direct, puisque c'est le seul qui opère exclusivement sur les sommes qui portent effectivement intérêt.

Ce système a, comme le précédent, son ancienne méthode et sa nouvelle méthode. La première est la méthode *hambourgeoise*, ainsi appelée parce qu'elle est venue du Nord de l'Europe par Hambourg et les autres villes anséatiques. Elle n'est du reste pas d'un usage général, même à Hambourg et lorsque l'intérêt court au même taux de part et d'autre, les commerçants de cette ville emploient de préférence le système des *nombres*. Nous avons sous les yeux un compte courant émané d'une des premières maisons de banque de Hambourg, et il est tenu par la méthode ancienne telle que nous venons de la décrire.

La méthode hambourgeoise consiste à relever le solde du compte chaque fois qu'on y inscrit un nouvel article, soit au crédit, soit au débit et à relever les intérêts courus. Mais il y a presque toujours dans les articles qui figurent à un compte courant des sommes échues, en valeur, et des sommes à échoir. On ne peut solder les unes par les autres qu'après les avoir rendues homogènes en leur donnant, au moyen d'un escompte fictif, une échéance commune.

C et G, par exemple, ont un compte courant dont les articles portent, de part et d'autre, intérêt à 6 pour 0/0. Les livres de G portent, au 31 décembre, un solde de 4000 francs en faveur de C. Le 3 janvier, G remet à C un effet de 2000 francs échéant au 20 janvier. Comment prendre la différence de deux sommes dont l'une est en valeur du 31 décembre, tandis que l'autre n'entrera en valeur que le 20 janvier? On ne le peut évidemment qu'après avoir fait le décompte des intérêts. Dans notre exemple, on comptera l'intérêt que produiraient 4000 fr. en 20 jours et on l'ajoutera à la somme avant de solder. On écrira alors :

4000		solde ancien
13	33	intérêt au 20 janvier
4013	33	total
2000		effet au 20 janvier à déduire
2013	33	différence, valeur au 20 janvier.

On pourra relever en ces termes le compte courant au moment même d'accuser réception de la remise de l'effet de 2000 francs, le 3 janvier.

Le 5 janvier, G fournit un effet de 3000 francs valeur au 25 janvier. Il faut, pour rendre le solde et le nouvel article homogènes, les réduire à la même échéance, soit au 25 janvier en ajoutant au solde son intérêt du 20 au 25 janvier. On écrira donc

2013	33	solde antérieur
1	67	intérêt à 6 pour 0/0 au 25 janvier
2015		
3000		
5015		valeur au 25 janvier.

Le 10 janvier, C fait une remise de 5000 francs, valeur au 17 janvier. Pour la rendre homogène au solde, qui est en valeur au 25 janvier, il faut ajouter au chiffre de cette remise l'intérêt qu'elle portera du 17 au 25 janvier, soit pendant 8 jours. Cet intérêt étant de fr. 6,66, on le retranchera de 5015 ou on l'ajoutera à 5000 avant de faire la soustraction et on écrira :

5015		solde antérieur
5006	66	remise et intérêt
8	34	solde, valeur au 25 janvier.

Le 22 janvier, la maison fournit à C et Ce une nouvelle

lettre de 2600 fr., échéant au 31. Comme le solde fr. 8,34 est trop médiocre pour avoir produit en six jours un intérêt appréciable, on le déduit simplement de 2600 et on a un solde passif de fr. 2591,66, valeur au 31 janvier. — Le 25, nouvelle fourniture d'une lettre de 1500 francs au 10 février. Cette lettre ayant une échéance postérieure au jour de l'arrêté de compte, on la ramène valeur à ce jour par un escompte de 10 jours d'intérêt, soit de fr. 2,50. Cette dernière remise produit alors fr. 1497,50, valeur au 31 janvier, qui joints au solde antérieur, donnent un solde définitif de fr. 4089,16.

Si le compte avait continué à courir, au lieu de réduire 1500 francs, valeur au 31 janvier, on aurait porté le solde antérieur de fr. 2592,66 valeur au 10 février en ajoutant à cette somme son intérêt pendant dix jours.

Ce court exemple suffira pour montrer les avantages et les inconvénients de la méthode hambourgeoise. Les avantages consistent à permettre de donner au correspondant le relevé de son compte chaque fois qu'on lui écrit et d'en présenter constamment le solde. Ses inconvénients sont de donner plus de travail que toute autre méthode pour relever le compte et d'exposer ceux qui s'y livrent à de nombreuses chances de confusion et d'erreur. Mais en réalité, les maisons qui pratiquent cette méthode n'ont jamais besoin de faire un relevé général, parce que le compte se trouve relevé et à jour chaque fois que la maison écrit pour annoncer l'entrée d'un article.

Nous ne parlons que pour mémoire de la petite inexactitude qui résulte de ce fait que les intérêts se capitalisent à mesure des remises et portent intérêt.

Un inconvénient plus grave de l'emploi de cette méthode par quelques maisons est l'usage des feuilles volantes pour le calcul des intérêts. Il est vrai que cet inconvénient n'existe que lorsque la pratique se conforme à l'enseignement vicieux que l'on trouve dans la plupart des traités de comptabilité, d'après lesquels les détails du compte seraient établis à peu près de la manière suivante :

SOMMES		DÉSIGNAT. du solde.	SOLDES.		JOURS.	VALEUR des soldes.
DOIT.	AVOIR.					
	4000	A.	4000	»		
			13	33	20	
		A.	4013	33		20 janvier.
2000			2000	»		
			2013	33		
			1	67	5	
	»	A.	2015	»		
	3000		3000	»		
»						
		A.	5015	»		25 janvier.
5000	»		5006	66	8	
»						
		A.	8	34		
2600 »			2600	»		
»		D.	2591	66		
1500			1497	50	10	31 janvier.
		D.	4089	16		Solde au 31 janvier.

Les notes ainsi établies se nomment comptes par *échelettes* à cause de leur forme.

En fait, cependant, on peut conserver le décompte des intérêts sur le livre même où le compte est inscrit. Ainsi on peut établir facilement dans la forme suivante le petit compte qui nous a servi d'exemple (voyez pages 70-71) :

On peut sans peine, en employant cette méthode, tenir des comptes courants dans lesquels l'intérêt ne court pas au même taux en faveur des deux ayants-compte. Prenons pour exemple le petit compte fictif qui nous a déjà servi et supposons que l'intérêt court à 5 pour 0/0 seulement en faveur de G, tandis qu'il court à 6 pour 0/0 en faveur de C et Ce. Le compte restera tel que nous l'avons établi d'abord jusqu'au 15 janvier, parce que jusqu'alors le solde appartient à C et Ce et produit 6 pour 0/0. Mais lorsque

C et Cᵉ, de Paris, l/ compte courant

DATE d'entrée.	SOMMES DOIT.		SOMMES AVOIR.		NATURE des articles.	ÉCHÉANCE des effets.
1867			4000	»	Solde ancien...........	1867 Janvier 1ᵉʳ
Janvier 3	2000	»			Bil. H. de Paris........	Id. 20
Id. 5			3000	»	L. s Q. de Bordeaux...	Id. 25
Id. 15	5000	»			L. s P. de Paris.......	Id. 17
Id. 22	2600	»			L/ s/ M. de Paris.......	Id. 31
Id. 25	1500	»			L/ s R. de Paris.......	Févr. 10

survient une remise de 5000 francs échéant au 17, il faut la balancer avec les 5015 francs, valeur au 25 janvier. Pour y arriver, on retranche du solde 5015, son intérêt à 5 pour 0/0 pendant les 8 jours qui séparent son échéance de celle de la remise. Cet intérêt étant de fr. 5,57, laisse un solde de fr. 9,43. Le reste du compte se traite comme dans l'exemple ci-dessous.

On simplifie autant qu'on le peut les comptes tenus par

C et Cᵉ, de Paris, l/ compte courant

DATE d'entrée.	SOMMES DOIT.		SOMMES AVOIR.		NATURE des articles.	ÉCHÉANCE des effets.
1867			4000	»	Solde ancien...........	1867
Janvier 3	2000	»			Billet H. de Paris.......	Janvier 20
Id. 5			3000	»	L/ s/ Q. de Bordeaux....	Id. 25
Id. 15	5000	»			L/ s/ P. de Paris.......	Id. 17
Id. 22	2600	»			L/ s/ M. de Paris.......	Id. 31
Id. 25	1500	»			L/ s/ R. de Paris.......	Févr. 10

à 6 *pour* 0/0 *au* 31 *janvier* 1867.

SOLDES				ÉCHÉANCES des soldes.		JOURS.	INTÉRÊTS.			
DOIT		AVOIR.					DOIT.		AVOIR.	
				1867						
		4000	»	Janvier	1er					
		2013	33	Id.	20	20			13	33
		5015	«	Id.	25	5			1	67
		8	34	Id.	25	8	6	66		
2591	66			Id.	31					
4089	16			Id.	31	10			2	50
				Solde au 31 janvier 1867, S. E. ou O., G et Ce						

cette méthode en donnant à tous les effets entrés le même jour une échéance commune au moyen du procédé que nous avons déjà décrit. Grâce à ce travail préparatoire, chaque bordereau n'a qu'une somme et qu'une échéance.

Ces échéances communes écartent des détails infinis; mais elles causent autant de travail et présentent autant de chances d'erreurs que l'escompte, en laissant subsister bien des complications, à cause du chevauchement des

à 5 *pour* 0/0 *et à* 6 *pour* 0/0, *au* 31 *janvier* 1867.

SOLDES				ÉCHÉANCES des soldes.		JOURS.	INTÉRÊTS ajoutés ou retranchés			
DOIT.		AVOIR.					DOIT.		AVOIR.	
		4000	»				5 p. 0/0		6 p. 0/0	
		2013	33	Janvier	20	20			13	33
		5015	»	Id.	25	5			1	67
		9	43	Id.	17	8	5	57		
2590	57			Id.	31					
4988	07			Id.	»	10			2	50
				31 janvier 1867, S. E. ou O., G et Ce.						

échéances qui se présente dans presque tous les comptes courants. On est alors réduit à ramener encore, par des escomptes, les échéances à un terme de comparaison commun.

Prenons pour exemple le compte courant C, ci-contre, nous y trouverons à l'actif un solde 10 000 francs, au 1er janvier. Ce solde porte intérêt jusqu'au 5, jour où il est réduit à 6500. Tout va jusque-là comme dans les exemples précédents. Le 15 janvier, l'ayant-compte remet un bordereau composé de quatre effets à échéances diverses, donnant en total fr. 7962,50. L'échéance commune ou moyenne de cette somme est au 13 février : il n'y a lieu de balancer le compte qu'à cette échéance ou lorsque survient une entrée ou sortie nouvelle qui a lieu le 20 janvier : ce jour, 7000 francs doivent être portés au débit et

(C) *X et Ce, banquiers à Y, leur compte*

DATES d'entrée.	SOMMES				ÉCHÉANCES communes.	DÉTAIL des sommes.			ÉCHÉANCES du détail.
	DOIT.		AVOIR.			DOIT.	AVOIR.		
Janvier 1			10000	»					
Id. 5	3500	»							
							2129	40	31 Janvier
							1350	20	25 Id.
							3697	15	28 Février
Id. 15			7962	50	13 Février.		785	74	15 Id.
Id. 20	7000	»							
Id. 29	3450	»							
Février 1	4900	»							
Id. 15	3970	»							
Mars 1	5000	»							
							5480	70	20 Mars.
							1255	50	15 Id.
							386	20	10 Id.
							545	10	12 Id.
Mars 5			11654	65	28 Mars.		3987	15	15 Avril.
	22	01							
	1765	30							
	29607	31	29607	31					

une balance est nécessaire. Pour l'obtenir exacte, il suffit de ramener le bordereau de fr. 7962,50, valeur au 20 janvier, ce qui se fait en calculant l'intérêt des vingt-quatre jours qui séparent le 20 janvier du 13 février, et en le portant au débit du compte.

Reste la question de savoir si cet intérêt, le taux convenu étant de 6 pour 0/0 au débit et de 5 pour 0/0 au crédit, doit être calculé à l'un ou à l'autre taux. En équité, tant que le solde est créditeur, cet intérêt doit être de 5 pour 0/0; mais c'est une occasion de complications et d'erreurs qu'une convention peut faire disparaître.

On pourrait aussi, tant que le solde est créditeur ramener les articles du débit, les 7000 francs du 20 janvier, par exemple, à l'échéance du 13 février, en calculant l'intérêt de cette somme à 6 pour 0/0 pendant quatorze jours

au 31 mars, intérêt à 6 et 5 pour 0/0.

JOURS.	LIBELLÉ DES OPÉRATIONS	SOLDES DOIT.		SOLDES AVOIR.		JOURS.	INTÉRÊTS 6 0/0 DOIT.		INTÉRÊTS 5 0/0 AVOIR.	
	Solde de c/			10000	»	5			6	94
	Son reçu.			6500	»	20			18	05
16										
10										
44										
31	Sa remise									
	Son reçu			7430		9			9	27
	S/ r/			3980	65	2			1	09
	S/ r/................	919	35			15	2	28		
	S/ r/................	4889	35			13	10	50		
	S/ r/................	9889	35			28	45	31		
15										
10										
5										
7										
41	S/ remise.			1765	30	3				73
	Balance des intérêts.								22	01
	Solde créditeur au 31 mars.									
							58	09	58	09

et en le portant au débit. Mais il aurait fallu, pour cela, amener jusqu'au 13 février l'échéance de l'ancien solde de 6500 francs. En ce cas, on ramènerait, par un escompte à 6 pour 0/0, les 3450 francs portés au débit le 29 janvier à la même échéance du 3 février, sauf à se trouver dans les embarras d'un long décompte le 1er février, par l'entrée au débit de 4900 francs qui balancent le compte par un solde débiteur. On évite ces embarras en ramenant à l'échéance du 20 janvier la remise dont l'échéance était au 13 février, puis on balance en la forme ordinaire les 29 janvier, 1er et 15 février et 1er mars.

Le 5 mars, nouvelle remise en cinq effets à échéances diverses et de l'importance de fr. 11654,65 dont l'échéance commune est au 28 mars. A cette date, nulle nouvelle entrée n'étant survenue, on balance par fr. 1797,15, créditeur, et si l'on veut régler compte au 31, il suffit de porter au crédit l'intérêt de cette balance pendant les 3 jours et de solder en la forme ordinaire.

On comprend sans peine qu'au lieu de prendre des échéances communes, toujours un peu inexactes à cause des fractions que l'on est obligé de négliger, il serait beaucoup plus simple d'escompter les bordereaux au jour de leur entrée. On n'aurait pas plus de calculs à faire et on éviterait les escomptes multiples et féconds en chances d'erreur qu'exigent les chevauchements d'échéance. On pourrait, si l'on tenait à faire figurer au compte tout le détail des bordereaux, le maintenir dans la forme du compte C et porter l'intérêt des escomptes à la colonne du crédit ou du débit, selon qu'il appartient. Si, par la convention constitutive du compte, on avait résolu les difficultés résultant des taux différents d'intérêt ou si le taux était le même au crédit et au débit, on pourrait trouver plus commode de porter aux colonnes où sont inscrits les intérêts (compte C) les *nombres* de chacun des effets qui figurent aux bordereaux.

Il y a, comme on voit, cinq ou six manières de raisonner et d'établir un compte par cette méthode; mais il n'y a jamais qu'un seul procédé à employer : c'est l'escompte, par lequel on ramène les sommes que l'on veut balancer à la même échéance, en portant le produit de l'escompte au profit de qui de droit.

La tenue des comptes courants par soldes est infiniment plus facile et plus simple lorsque tous les articles sont réduits en espèces, au moyen d'un escompte et mis en valeur au jour de leur entrée, comme cela se pratique à la Banque de France et dans les maisons qui, faisant les recouvrements, voient passer journellement dans leur portefeuille un grand nombre de petits effets dont les échéances réelles, les entrées en valeur et les conditions de recouvrement sont variables. — C'est la méthode nouvelle.

Dans ces maisons, chaque remise de valeurs est escomptée au jour de la remise et le net produit seul est porté au compte courant. Cette manière de passer écriture fait supporter à l'ayant-compte l'escompte des effets même dont il n'aurait pas touché le montant, de sorte que l'intérêt court contre lui sur la somme brute énoncée en son bordereau, tandis qu'il ne court à son profit que sur le net produit. Ajoutons que le plus souvent, sinon toujours, le taux de l'intérêt n'est pas le même de part et d'autre. Mais cette manière de passer écriture abrége tellement les comptes, qu'elle est préférable à toute autre, et il convient de l'inscrire toujours dans les conditions générales du compte courant, sauf compensation équitable accordée à l'ayant-compte. La compensation est facile : ainsi, l'intérêt qui court en faveur du banquier est ordinairement un peu plus élevé que celui qui court en faveur de l'ayant-compte. Rien n'est plus simple que de réduire ou de supprimer la différence, et de convenir que le produit net de chaque remise sera seul inscrit au crédit de l'ayant-compte.

De banquier à banquier, il n'est pas même besoin de s'occuper de cette difficulté, puisque les comptes se balancent le plus souvent par une suite de remises réciproques, de telle sorte que, par les éléments mêmes du compte, les différences étant tantôt en faveur de l'un, tantôt en faveur de l'autre, se compensent naturellement.

C'est là ce qu'on appelle proprement avoir et tenir des *comptes d'espèces*, parce qu'en effet tous les articles sont réduits à des sommes versées en espèces le jour de leur entrée en compte.

On peut tenir les comptes d'espèces par soldes, soit au moyen des *nombres*, soit au moyen des intérêts calculés par les parties aliquotes. En tous cas, chaque fois qu'il entre un article, soit au crédit, soit au débit, on relève le solde du compte qui se trouve débiteur ou créditeur. On calcule en même temps et on annote l'intérêt produit par le solde antérieur jusqu'au jour de la remise. Si on emploie les *nombres*, on relève le *nombre* du solde d'après les jours courus entre celui où il a été relevé et celui de la dernière entrée, et on inscrit ce nombre dans une colonne spéciale, au crédit si le solde est créditeur, au débit si le compte est débiteur.

Lorsqu'on veut arrêter le compte, on fait l'addition des *nombres* inscrits à la colonne du débit et celle des *nombres* inscrits à la colonne du crédit. Si l'intérêt court en même temps en faveur des deux ayants-compte, on relève la différence qui existe entre la somme des *nombres* du débit et la somme des nombres du crédit, puis on divise la différence par le diviseur fixe correspondant au taux auquel court l'intérêt. Le quotient donne l'intérêt cherché à inscrire au débit du compte, si le solde des *nombres* est débiteur, et au crédit s'il est créditeur, après quoi on balance le compte.

Si l'intérêt court à deux taux différents, on divise la somme des *nombres* du débit par le diviseur fixe correspondant au taux d'intérêt qui court au profit de l'ayant-compte. On recherche de même l'intérêt qui a couru au profit de la maison en divisant la somme des nombres du crédit par le diviseur fixe de son taux d'intérêt. Puis on porte au compte de qui il appartient la différence des intérêts, ou bien l'on porte à la colonne des sommes du débit les intérêts débiteurs et à la colonne des sommes du crédit les intérêts créditeurs, et on solde le compte.

Supposons entre deux banquiers, A et B, un compte

courant dont tous les articles soient établis, valeur au jour d'entrée, comme si c'étaient des versements effectifs d'espèces. On comprend assez qu'au moyen de l'escompte, tout article, billet, traite ou remise, peut être ramené à telle échéance que l'on veut, et notamment à l'échéance du jour où il entre aux livres. C'est par un escompte effectif que la Banque de France et la plupart des grandes maisons de banque ramènent au jour d'entrée l'échéance de tous les effets de commerce que leur remettent les ayants-compte. Rien n'est donc plus simple que de ramener tous les comptes à la même condition par un escompte fictif de chaque article.

Donc A et B ont ensemble un compte courant. Nous tenons les livres de A, et nous y trouvons B créditeur, suivant inventaire fait le 31 décembre, de fr. 3000. Cette somme est portée entrée au 1er janvier, sur un livre réglé, comme le modèle H ci-joint.

(H) *B et Ce, banquiers à Z. Leur compte au 31 juillet, à 5 et 6 0/0.*

DATES.		SOMMES.				LIBELLÉ des opérations.	SOLDES.				JOURS.	NOMBRES.	
		Doit.		Avoir.			Doit.		Avoir.			Doit 5 0/0	Av. 6 0/0
Janv.	1er			3000	»	Solde ancien.			3000	»	74		2220
Mars	15	1800	»			N/ r/ valeur à ce jour.			1200	»	24		288
Avril	8	3500	»			N/ r/ v/ à ce jour.	2300	»			17	391	
D°	25	2470	50			N/ r/ v/ à ce jour.	4770	50			20	954	
Mai	15			5750	80	S/ r/ à recouvrer.			980	30	33		323
Juin	17	1500	»			N/ r/ valeur à ce jour.	519	70			38	197	
Juill.	25			2880	»	S/ r/ à recouvrer.			2360	30	6		141
		21	41	49	53	Intérêts.						1542	2972
		2388	42			Solde créd. au 31 juill.							
		11680	33	11680	33								

Le 15 mars, A débite B d'une remise de fr. 1800. En réalité, A est demeuré débiteur de B pour fr. 3000, du 1er janvier au 15 mars, et il lui doit l'intérêt de cette somme, balance effective du compte courant pendant tout ce temps. Au 15 mars donc, on compte les jours, au nombre de 74, qui se sont écoulés depuis le 1er janvier, et on inscrit le chiffre 74 à la colonne destinée à le recevoir. Puis, pour calculer le montant de l'intérêt dû à B, on multiplie la somme, qui est 3000 par 74, et on obtient pour produit le *nombre* 222 000. Deux colonnes sont destinées sur le livre à recevoir l'indication des intérêts qui ont couru, au profit des ayants-compte : on peut calculer sur-le-champ ces intérêts au taux convenu, et les inscrire dans la colonne du crédit, ou se contenter d'y inscrire le premier élément du calcul de ces intérêts, le *nombre*, divisé par 100, par le retranchement de deux chiffres à droite. On inscrit donc à la colonne destinée à recevoir les *nombres* du crédit, le chiffre de 2220.

Au 15 mars, la balance du compte n'est plus de 3000 francs, puisque B a été débité de 1800 francs. La balance est de 1200 francs, encore en sa faveur, qui portent intérêt de ce jour à celui où le compte est modifié par l'entrée d'un nouvel article : on ne peut qu'alors relever le nombre de jours pendant lesquels l'intérêt a couru, et inscrire le *nombre*.

Le 8 avril, A débite B d'une remise de 3500 francs. Du 15 mars à ce jour, 24 jours se sont écoulés pendant lesquels l'intérêt est dû à B, sur une somme de 1200 francs. On relève le *nombre*, qui est 288, et on l'inscrit au-dessous du précédent, dans la même colonne. Puis on fait la balance des capitaux, qui est de 2300 francs en faveur de A, et on inscrit cette somme au débit de B contre lequel elle porte intérêt.

Le 25 avril, nouvelle remise de 2470 fr. 50 c., au débit de B. L'intérêt de la balance de 2300 francs a couru contre lui pendant 17 jours : on relève le *nombre*, qui est 391, et on l'inscrit dans la colonne du débit. On fait à nouveau la balance, et elle se trouve de 4770 fr. 50 c. en faveur de A.

Le 15 mai, B fait une remise d'effets à recouvrer, de l'importance de 5750 fr. 80 c. Du 25 avril à ce jour, la balance de 4770 fr. 50 c. avait porté intérêt contre lui pendant 20 jours. On relève donc le *nombre* 954, que l'on inscrit à son débit. Puis on inscrit la nouvelle balance qui est de 980 fr. 30 c. à son crédit.

Le 17 juin, remise de 1500 francs au débit de B. Jusqu'à ce jour, la balance de 980 fr. 30 c. avait porté intérêt en sa faveur durant 33 jours : on relève le *nombre* 323, et on l'inscrit à son crédit; puis on trouve une nouvelle balance de 519 fr. 70 c. en faveur de A. Elle porte intérêt jusqu'au 25 juillet, pendant 38 jours, ce qui donne le *nombre* 197, que l'on inscrit au débit du compte.

Le 25 juillet, B ayant fait une remise de 2880 francs, la balance du compte est de 2360 fr. 30 c. en sa faveur, et si on règle le compte au 31 juillet, elle a porté intérêt pendant 6 jours, qui donne le *nombre* de 141, que l'on incrit au crédit de B.

En cet état, le règlement du compte est extrêmement simple : si l'intérêt court au même taux au profit des deux ayants-compte, on fait la somme des *nombres* du crédit et celle des *nombres* du débit; on les balance et on obtient 1440 en faveur du crédit. On divise cette somme par le diviseur fixe, correspondant au taux d'intérêt convenu, et on porte cet intérêt au crédit du compte. Si, comme nous le supposons, le taux de l'intérêt est différent, on fait l'addition des *nombres* du débit et on trouve 1542, qui, divisés par 72, diviseur correspondant au taux de 5 0/0, donnent 21 fr. 41. On additionne les nombres du crédit et on trouve 2972, qui, divisés par 60, diviseur correspondant au taux de 6 0/0, donnent 49 fr. 53 c. On peut, ou balancer les intérêts et inscrire la différence seulement au crédit, ou porter les deux sommes, l'une au débit, l'autre au crédit, et balancer le compte dans la forme ordinaire.

Dans les maisons où l'on se sert des livres appelés *comptes faits*, *barêmes*, etc., on cherche immédiatement l'intérêt de chaque balance et on l'inscrit directement, sans s'occuper du *nombre*. On fait de même dans les maisons où les employés ayant l'habitude de calculer très-rapidement l'intérêt de toute somme pendant un nombre de jours donnés et à un taux donné, par la méthode des parties aliquotes, ne prennent jamais la peine de chercher le *nombre*. Alors, quand on règle le compte, on balance d'abord les intérêts et on porte le solde, selon le cas, au crédit ou au débit, puis on balance les capitaux comme à l'ordinaire. Voici la forme que prendrait, en ce cas, le compte qui nous a déjà servi d'exemple :

(B) *B et C*ᵉ, *banquiers* à Z. *Leur compte à* 5 *et* 6 0/0, *au* 31 *juillet.*

DATES.		SOMMES.				LIBELLÉ des opérations.	SOLDES.				JOURS.	INTÉRÊTS.			
		Doit.		Avoir.			Doit.		Avoir.			Doit. 5 0/0		Av. 6 0/0	
Janv.	1er	f.	c.	3000	»	Solde de compte.	f.	c.	3000	»	74			37	»
Mars	15	1800	»			N/ r/ valeur à ce jour.			1200	»	24			4	80
Avril	8	3500	»			N/ r/ v/ à ce jour.	2300	»			17	5	43		
D°	25	2470	50			N/ r/ v/ à ce jour.	4770	50			20	13	25		
Mai	15			5750	80	S/ r/ à recouvrer.			980	30	33			5	38
Juin	17	1500	»			N/ r/ v/ à ce jour.	519	70			38	2	73		
Juill.	25			2880	»	S/ r/ à recouvrer.			2360	30	6			2	35
				28	12	Balance des intérêts.						28	12		
		2388	42			Solde créd. au 31 juil.									
		11658	92	11658	92							49	53	49	53

On pourrait simplifier un peu la méthode par soldes, conserver en l'employant la physionomie de nos comptes courants, et éviter les feuilles volantes, en profitant de son exactitude. Il suffirait, tout en conservant le détail des remises, changes, faux frais, etc., comme aujourd'hui, de ramener chaque remise, valeur au jour de son entrée, par un escompte que l'on relèverait non en *nombres*, mais en francs et centimes, et que l'on porterait à une colonne spéciale, conformément au tableau F ci-contre, où nous établissons le compte un peu modifié, qui nous a déjà servi d'exemple au tableau C.

Dans ce compte, on inscrit en la forme ordinaire les soldes de 10000 et de 6500 par lesquels il commence, on en relève les intérêts à 5 0/0, et on les porte au crédit. Le 15 janvier, entre une remise de 7962 fr. 50 c. en quatre effets à échéances diverses. On compte les jours d'intérêt dont ils sont passibles pour être ramenés valeur au jour d'entrée; on relève cet intérêt et on le porte au débit de celui qui est crédité du montant des effets, c'est-à-dire, dans notre exemple, au débit du compte. Il n'y a qu'une difficulté, mais elle est réelle; auquel des deux taux d'intérêt qui courent au compte cet escompte doit-il être fait? à 6 ou à 5 0/0? Une convention peut et doit résoudre cette question à l'ouverture du compte, et nous supposons qu'il est convenu que les escomptes ont toujours lieu à 5 0/0. S'il n'y avait pas de convention, l'escompte des bordereaux devrait être calculé à 5 ou 6 0/0, selon que le présentateur du bordereau aurait un solde créditeur ou débiteur. Ainsi, au 15 janvier, A, B et Cie étant créditeurs, s'escomptent en réalité leur remise à eux-mêmes aux taux d'intérêt le plus bas des deux, à 5 0/0.

Le 20 janvier autre remise, mais au débit de A, B et Cie cette fois, de l'importance de 7000 francs, en deux effets à échéances diverses. Il s'agit de l'escompter au jour d'entrée, comme la précédente : à quel taux? à 5 0/0 évidemment, puisque dans l'établissement du compte il est convenu que l'intérêt ne court jamais qu'à 5 0/0 contre le présentateur. La remise étant au débit du compte, on porte au crédit les intérêts dont elle doit être diminuée, et on poursuit le calcul des balances et des intérêts qu'elles rapportent, comme dans nos premiers exemples, en comptant à 5 0/0 l'intérêt des soldes créditeurs, et à 6 0/0 l'intérêt des soldes débiteurs. De même les remises du 1er et du 5 mars ne présentent aucune difficulté nouvelle.

Le solde du compte s'effectue de la façon la plus simple. On relève d'abord la balanee des intérêts et on la porte au compte de qui de droit; ensuite, on relève les changes, commissions et courtages, et on balance le compte dans la forme ordinaire.

Cette manière de tenir le compte, fort simple et très-exacte, s'applique aux comptes à tous les taux d'intérêt, et admet même sans peine un changement de taux pendant la durée du compte. Elle présente moins de détails et de chances d'erreur que celle qui consiste à rechercher des échéances communes, en même temps qu'elle permet de porter sur le livre tous les détails du compte, et dispense, par conséquent, de la nécessité de recourir à la main-courante pour en fournir copie au correspondant. Nous avons supposé, dans notre exemple, qu'il était convenu que l'escompte des remises aurait lieu, tant au crédit qu'au débit, à 5 p. %; on pourrait convenir qu'il serait à 5 ou bien à 6 au crédit et à 5 au débit, ou à tout autre

(F) *A, B et C°, leur compte courant*

DATE d'entrée.		DOIT. Sommes.		DOIT. Détail.		AVOIR. Sommes.		AVOIR. Détail.		ÉCHÉANCES.	JOURS.
Janvier	1					10000	»				
id.	5	3500	»								
								2129	40	31 janvier.	16
								1350	20	25 id.	10
								3697	15	28 février.	44
								785	75	15 id.	31
id.	15					7962	50				
				3545	»					28 janvier.	8
				3455	»					27 id.	7
id.	20	7000	»								
id.	29	3450	»								
Février	1	4900	»								
id.	15	3570	»								
				2000	»					20 mars.	20
				785	»					15 id.	15
				2215	»					5 avril.	36
Mars	1	5000									
								5480	70	20 mars.	15
								1255	50	15 id.	10
								931	30	11 id.	6
								3987	15	15 avril.	41
id.	5					11654	65				
		15	49								
				45	66						
		52	41	6	75						
						30	»				
		1759	25								
		29647	15			29647	15				

taux, sans qu'il fût nécessaire de changer la forme du compte. Ainsi, en supprimant par l'escompte, au crédit et au débit, les articles de papier, en laissant sur les livres spéciaux auxquels on doit les inscrire les tirages, les acceptations et les remises, on dégage le compte courant de toute espèce de nuages, et on se procure un moyen facile

à 6 et 5 0/0 au 31 mars.

LIBELLÉ.	CHANGES.		SOLDES.		JOURS.	INTÉRÊTS.	
	Doit	Av.	Doit.	Avoir.		6 0/0 Doit.	5 0/0 Avoir.
Solde à nouveau.				10000 »	5		94
				6500 »	10		02
Bourges..............	1/4					4 73	
Commercy............	1/2					1 87	
Orléans..............	1/4					22 59	
Romorantin..........	1/4					3 37	
				14462 50	5		10 04
Chartres.............		1/4					3 98
Alençon.............		1/4					3 49
			887	7462 50	2		9 32
S/ t/ s/ n/............			4857	4012 50	9		1 11
S/ t/ s/ n/............			50		15	2 21	
S/ t/ s/ n/............			50		13	10 52	
Sens.................		1/4					5 55
Alençon.............		1/4					1 63
Dijon................		1/4					17 17
			9857 50		5	8 21	
Châlons-s/-S/..........	1/4					11 41	
Troyes..............	1/4					1 74	
Vesoul..............	1/4					0 77	
Lille................	1/4					22 70	
				1797 50	26		6 48
Balance des intérêts...							15 49
						90 12	90 12
Changes à 1/4 s. 18266.95							
— à 1/2 s/ 1350.20.							
Changes à 1/4 sur 12000.							
Solde créditeur au 31 m.							

d'en suivre et d'en contrôler, jour par jour, les mouvements, puisque l'on obtient par une seule soustraction le montant de chaque balance. En outre, si le taux de l'intérêt convenu vient à changer par des conventions nouvelles, il suffit, lorsqu'on relève directement les intérêts, d'annoter ce changement à sa date et d'établir en conséquence tous les calculs postérieurs. Ni la tenue, ni l'aspect du compte ne sont altérés.

Aux nombreux avantages que nous avons énumérés, cette méthode en joint un qui est peut-être supérieur à tous les autres : elle ne permet ni retard ni négligence, et oblige le banquier à liquider complétement chaque opération au moment même où il la fait, où elle est bien présente à son esprit, et à ne jamais renvoyer à l'avenir le travail qui appartient au présent.

Les conventions et conditions sur lesquelles sont établies les divers comptes courants de banque sont variées et varient nécessairement chaque jour, et avec elles bien souvent la manière de tenir les comptes. Il n'y a et ne peut avoir en cette matière nulle uniformité, et nul ne saurait avoir la prétention de donner des règles et méthodes fixes et inflexibles. Toutefois la méthode par soldes, outre que c'est celle qui emploie le moins de fictions et qui est la plus vraie, offre un avantage important, c'est de permettre aux comptables de faire leur travail au jour le jour et de l'inscrire en résultats définitifs, comme aussi de le retarder, si les circonstances l'exigent, en même temps qu'elle se prête avec une extrême facilité à tous les changements qui peuvent survenir dans les conditions du compte courant. C'est à la fois la seule méthode qui présente à tout instant à l'œil, sans écritures spéciales, la balance de chaque compte que le banquier est obligé de rechercher à tout instant. Elle est incontestablement préférable dans tous les comptes où l'intérêt ne court pas au même taux au crédit et au débit; mais dans les comptes où le taux d'intérêt est le même de part et d'autre, la méthode dite indirecte ou rétrograde est plus simple et emploie des procédés plus uniformes.

Cependant nous doutons fort que le compte courant de banque ou d'espèces, toujours créditeur, soit plus court, plus clair et plus simple par la méthode retrograde que par celle des soldes. On peut en juger par le compte R, tenu en la forme pratique, à l'anglaise, par la méthode des soldes.

Ce compte s'établit ordinairement sur une seule page de grand papier réglée par sept colonnes à gauche et laissant pour les observations un espace blanc à droite. La première colonne est destinée à l'inscription de l'entrée des articles qui est aussi leur échéance : à la suite vient un espace affecté au libellé des opérations. La troisième colonne est remplie par l'inscription des articles du débit et la quatrième par celle des articles du crédit. Puis vient la colonne des soldes, suivie de celle où sont marqués les jours pendant lesquels l'intérêt a couru et enfin la colonne des *nombres*.

On remarquera sans doute que l'emploi des *nombres* n'est pas plus indispensable dans ce compte que dans celui que nous avons cité lorsqu'il s'est agi de la méthode rétrograde. On peut avec avantage négliger le *nombre* et porter à chaque solde l'intérêt à 6 pour 0/0 ou à tout autre taux qu'il aurait produit et solder comme dans les comptes précédents.

F° 80. M^r. X. S/C

(R)			DOIT.	AVOIR.
1866.				
Septbre	30	Solde à ce jour		6113 60
Octobre	3	Reçu		3070 »
»	4	Payé pr. s/ o/	335 »	
»	»	Reçu		2920 »
»	8	id.		1100 »
»	10	id.		2130 »
»	13	id.		2900 »
»	16	id.		12886 »
Novre	3	id.		580 »
»	4	id.		280 »
Décbre	1er	id.		500 »
»	3	id. id.	7460 60	
»	15	id. id.	4500 »	
1867.				
Janvier	3	Payé s/ o/ M. B. T.	1484 »	
»	»	Reçu		400 »
Février	13	id.		11774 30
»	21	id.		520 »
Mars	2	Payé s/ o/ M. B.	533 35	
»	7	Reçu		380 »
»	19	id.		530 »
»	21	Payé pr. s/ n/.	3500 »	
»	»	Payé s/ c/ S.	4500 »	
»	24	» » » J. E.	4000 »	
»	30	» » » J. L. C.	10015 55	
»	»	» » » à P.	1429 35	
»	»	Intérêts		485 35
»	»	Solde à ce jour		
Avril	1er	S/ s/ o/ J. L. C.	4000 »	
»	8	Reçu		600 10
»	13	id.		800 »
»	23	id.		326 30
»	27	Payé pr. s/ v/.	1595 »	
»	28	Id. pr. solde.	4942 80	
		Sommes égales $	48295 65	48295 65

S. E. ou O.

28 *Avril* 1863.

D'ESPÈCES A LA BANQUE Z.

SOLDES.

	*	**	
	3	18339	
9183 60	1	9183	
8848 60			
11768 60	4	17072	
12868 60	2	25736	
14998 60	3	44994	
17898 60	3	53694	
30784 60	17	523328	
31364 60	1	31364	
31644 60	27	844388	
32144 60	2	64288	
24684 »	12	296208	
20184 »	18	363312	
18700 »			
19100 »	40	764000	
30874 30	8	246992	
31394 30	9	282546	
30860 95	5	154300	
31240 95	12	374880	
31770 95	2	63540	
28270 95			
23770 95	3	71310	
19770 95	6	118620	
9755 40			
8326 05			
8811 40		4368094	485 35 Int. à 4 0/0
8811 40	1	8811	
4811 40	7	33677	
5411 50	5	27055	
6211 50	10	62110	
6537 80	4	26148	
4942 80			
		157801	17 50 Int. à 4 0/0 payés ce jour.

* Colonne des jours. ** Colonne des *nombres*.

Signé : M.

DE LA MAIN COURANTE.

Le livre de la main courante, qu'on appelle aussi *brouillard* et plus rarement *mémorial*, est un registre sur lequel sont inscrites les opérations au moment même où elles se font, pour en passer ensuite écriture à loisir sur les livres proprement dits, notamment sur le journal. — Ce livre est tenu par pages.

Comme le journal, dont elle est la première rédaction, la main courante doit mentionner toutes les opérations, quelles qu'elles soient, faites par la maison à laquelle elle appartient. Mais comme ces opérations y sont inscrites au moment même où elles s'accomplissent, elles font chacune l'objet d'une rédaction distincte, sans autre ordre que la succession du temps.

La réglure de la main courante ressemble à celle du journal. Elle se compose essentiellement d'une colonne simple à gauche formée par deux raies verticales entre lesquelles on inscrit le numéro de la page du journal dans laquelle l'article a été transcrit et de deux colonnes de caisse à droite de la page. La première de ces colonnes est affectée à l'énumération des détails des opérations dont le résultat net, somme ou reste, est seul inscrit dans la colonne extérieure, la dernière à droite de la page.

Il y a souvent à la main courante d'autres raies verticales destinées à faciliter l'inscription des chiffres en colonnes correctes, ou à distinguer les unes des autres les indications des énumérations de détail de l'article passé, en faisant commencer un peu plus à droite ou un peu plus à gauche les lignes où se trouvent inscrites les unes ou les autres. Mais ces colonnes, qui n'existent que pour ordre et marquées seulement par des lignes rouges ou bleues, ne sont évidemment qu'accessoires.

Il y a des mains courantes où se trouvent réservées des colonnes affectées à l'indication des pages des livres auxiliaires où chaque article est mentionné. Ainsi la plupart des maisons qui ont un livre de factures ne mentionnent à la main courante que le total ou le net de la facture, mais inscrivent en même temps le numéro de la page du livre de factures où l'on peut trouver au besoin les détails de l'article. La colonne destinée à recevoir l'indication de la page du livre de factures est placée à côté de celle où on indique la page du journal à laquelle l'article est transcrit.

Il existe des maisons, et fort importantes, qui n'ont pas d'autre journal que la main courante sur laquelle les articles sont enregistrés alors dans la même forme qu'au journal.

Il existe d'autres maisons, qui, ayant un système complet de livres auxiliaires, ne se servent pas de main-courante ou ne l'emploient qu'à constater les détails des règlements de comptes.

Parlons ici de la main courante ordinaire.

La rédaction des articles est simple, aussi concise que possible, sans omettre rien d'important. Elle mentionne d'abord la date de l'opération, ensuite sa nature, puis elle en énumère les détails et en porte le résultat net à la colonne extérieure du livre. La rédaction des articles de la main-courante doit être telle que le comptable chargé de tenir le journal y distingue les articles sans peine et à première vue. Cette rédaction, par conséquent, doit être conforme à la tenue des écritures de la maison et varie avec cette tenue.

La date occupe une ligne qui sert à séparer les articles l'un de l'autre : on l'inscrit au milieu de la ligne entre deux raies à l'encre dans la forme suivante :

——————— 1er janvier 1867. ———————

On ne mentionne l'année qu'en tête du premier article de l'année et le mois qu'en tête du premier article du mois. Ainsi, le premier article, du 2 janvier 1867, commence par la ligne suivante :

2 id.

Les autres articles du même jour seront datés ainsi qu'il suit :

id. id.

Cet usage n'est pas sans inconvénient pour la facilité des recherches. On y remédie dans beaucoup de maisons en mentionnant le mois et même l'année au premier article de chaque page, et c'est là certainement une coutume utile.

Quand l'article qui termine une page s'y trouve inscrit en entier, on ferme la page par une ligne horizontale à l'encre. Mais si la rédaction de l'article continue sur l'autre page, on laisse la première ouverte.

La nature de l'opération est indiquée habituellement par un simple participe passé, comme : *vendu*, *acheté*, *escompté*, *négocié*, *encaissé* ou *reçu*, *payé*, etc. Les opérations pour compte sont désignées en outre par une préposition : *vendu pour*, si on a vendu pour le compte d'autrui ; *vendu par*, si l'on a vendu par l'intermédiaire d'autrui, par exemple.

On mentionne en outre à la main courante la maison avec qui l'opération est faite, surtout si cette opération n'est pas au comptant, et les conditions de terme ou d'escompte, s'il y en a ; puis on énumère les détails de l'opération et on en fait ressortir le résultat en chiffres.

Dans les maisons qui n'ont pas de livre de factures, la main courante reproduit les détails des factures : dans les maisons où les livres et collections de factures sont en ordre, on ne porte à la main courante que les totaux.

Venons maintenant aux exemples.

Le 1er février 1867, la maison H, dont nous tenons la main courante, a vendu au comptant à G, 100 kilogr. d'huile d'olive commune à 170 fr., 25 kilogr. d'huile d'olive fine à 250 fr., et deux hectolitres d'huile d'œillette à 160 fr.

Le même jour, elle a vendu à six mois, sous escompte

de 3 pour 100 à R, 10 hectolitres d'huile de sésame à 160 fr.

Le 2 février, elle reçoit 10 000 kilogr. d'huile de colza en fûts achetés à 80 fr. les 100 kilogr. net à M.... de .... à trois mois ou 1 1/2 pour 0/0 d'escompte et elle paye 50 fr. pour frais de transport de cet envoi.

Le 5, R envoie en règlement de sa facture une lettre de change sur N de Pontoise.

Passons à la main courante ces diverses opérations.

		1er *février* 1867.				
		Vendu comptant à G de				
		100 kil. d'huile d'olive commune à 170 fr.	170			
		25 id. id. id. fine à 250 »	62	50		
		2 hectol. d'huile d'œillette à à 160 »	320	»		
					552	50
		id. id.				
		Vendu à R de				
		10 hect. huile de sésame à 160 fr. à 6 mois..........................			1600	
		2 id.				
		Acheté à M.... de.... à 3 mois, 10 000 kil. h. colza à 80 fr....................			8000	
		2 id.				
		Payé pour port de 10 000 kil. h. colza.			50	
		5 id.				
		Reçu de R. de				
		1 lett/ de ch/ n° sur N. de Pontoise			1600	

Continuons nos exemples :

Le 6 février, la maison règle la facture de M de la manière suivante : elle remet à M un billet K de son portefeuille, échéance du 2 mars, de fr. 6000, une lettre de change de 1500 fr., échéance du 2 avril, et 425 fr. espèces. En effet, elle paye 6000 fr. deux mois avant l'échéance de la facture et retient, par conséquent, à titre d'escompte, 1 pour 0/0 sur cette somme, soit 60 fr.; elle paye 1500 fr. un mois avant l'échéance et retient à titre d'escompte 1/2 pour 0/0, soit 7 fr. 50 c.; elle paye 500 fr. trois mois avant l'échéance et retient sur cette somme 1 1/2 pour 0/0, soit 7 fr. 50. Elle éteint donc sa dette de 8000 fr. envers

M par la remise des sommes mentionnées plus haut, c'est-à-dire en retenant fr. 75 à titre d'escompte.

Le 7, la maison a acheté 15 000 kilogr. d'huile de colza à 75 fr. les 100 kilogr. payables à 10 jours sans escompte. Mais à la livraison, on a constaté 3 pour 0/0 de coulage, ce qui donne lieu à une demande de rabais, qui est accordée.

Le 8, la maison vend à R 3000 kilogr. huile de colza, à fr. 90 les 100 kilogr. à 6 mois, sous escompte de 3 pour 0/0, mais à la livraison, le 10, R constate que cette huile n'est pas exactement de la qualité qu'il avait achetée et demande de ce chef, un rabais de 1 pour 0/0, qui lui est accordé. Il veut en outre escompter sa facture et payer comptant.

Le 11 février, la maison reçoit avis de son correspondant de Marseille qu'il a acheté pour le compte de H 50 000 kilogr. d'huile d'olive fine, livrable et payable à fin septembre à 200 fr. les 100 kilogr.

Le 12 février, H ayant un payement prochain à faire, présente à l'escompte un bordereau de trois effets, l'un de 2000 fr. échéant au 15 avril, l'autre de 3500 échéant au 7 mars, l'autre, de 1800 fr. échéant au 26 mars. Ces effets, acceptés par le banquier, sont escomptés à 5 pour 0/0. Ces diverses opérations seront inscrites à la main courante dans la forme suivante :

	6 id.			
	Réglé comme suit mon compte avec M.			
	Remis b/ K, n° au 2 mars..............	6000		
	» l/ n°. sur.... au 2 avril..........	1500		
	» Espèces	425		
	Escompte 1 0/0 s/ 6000............60			
	» 1 2 0/0 s/ 1500.......... 7 50	75		8000
	» 1 1/2 s/ 500............ 7 50			
	7 id.			
	Acheté à G de.... à 10 j. sans escompte.			
	15000 kil. huile de colza à 75 fr. les 100 k.	11250		
	Rabais de 3 p. 0/0 p. coulage.......	336		
				10914

8 id.

	Vendu à R à 6 mois ou 3 0/0 d'escompte 3000 kil. huile de colza à 90 fr. les 100 k.			2700
	10 id.			
	Réglé avec R la vente du 8 courant comme suit :			
	Reçu espèces........................	2593		
	Rabais de 1 p. 0/0........... 27 Escompte de 3 p. 0/0 s/ 2673.. 80	107		2700
	11 id.			
	Acheté par D., de Marseille			
	50000 kil. huile fine, livr. fin sept. à 200.	100000		
	Commission et frais divers s/ facture....	4743		
				104743
	12 id.			
	Négocié à L., banquier à Paris,			
N°	Paris, 15 avril. 2000			
N°	Orléans, 7 mars. 3500			
N°	Arcis-s/-Aube, 26 mars. 1800	7300		
	Change 1/8 s/ 3500........ 4 37			
	1/4 s/ 1800....... 4 50	37	69	
	Intérêts à 5 p. 0/0.......... 28 82			
	Reçu espèces.........	7262	31	7300

Quand il s'agit d'effets à recevoir et généralement de comptes déjà inscrits et qui doivent être balancés, on déduit la somme liquide à recevoir ou à payer, mais on ne la fait pas reporter à la seconde colonne, destinée à recevoir la somme qui doit figurer au compte.

Le 15 février, H prend pour les besoins de sa maison 500 fr. à la caisse. Le même jour, il vend 1000 kilogrammes d'huile fine à 250 fr. à P d'Orléans, et reçoit en payement un billet à trois mois de 2500 francs.

Le 16 février, vente de 2000 kilogrammes d'huile fine à B, de Chartres, à trois mois et tirage sur lui d'une lettre de 5000 fr. au 16 mai.

Le 17 février, une traite de 3000 francs payable au 15 février par O d'Angers et négociée à L banquier, revient protestée.

Ces articles seront passés ainsi qu'il suit :

Du 15 id.				
Prélevé par notre sieur H, pour les besoins de sa maison........................			500	
id. id.				
Vendu à P. d'Orléans,				
1000 kil. huile fine à 250..............	2500			
Payés par s/ b/ au 15 mai..............			2500	
Du 16 id.				
Vendu à B. de Chartres				
2000 kil. d'huile fine à 250............	5000			
et tiré sur lui au 16 mai..............			5000	
Du 17 id.				
Retour par L, banquier à Paris, d'une traite sur O, d'Angers, n°............	3000			
Compte du retour..............	12	50		
			3012	50

Il serait inutile de multiplier des exemples qui donneraient lieu à des répétitions et que l'élève comme le professeur peuvent trouver ou même imaginer sans difficulté. Une bonne rédaction de la main courante ne peut s'acquérir qu'à la suite d'exercices nombreux exécutés avec une attention réfléchie. C'est aux professeurs et aux élèves qu'il convient de multiplier et de varier ces exercices qui ramènent l'inscription de toutes les opérations commerciales à des formules à peu près uniformes.

Nous ne parlerons que pour mémoire des maisons qui donnent à la main courante la même forme qu'au journal, parce qu'il serait difficile d'expliquer cette rédaction sans anticiper sur ce que nous avons à exposer dans la troisième partie de ce cours. Il suffit de dire que les maisons où la main courante prend cette forme, ou n'ont pas de journal, ou n'ont un journal que pour y résumer par jour, par semaine et quelquefois par mois, toutes les opérations comprises dans ces périodes de temps. La rédaction de la main courante la plus pratiquée est encore celle que nous venons d'indiquer.

TABLE DES MATIÈRES.

FIN DE LA TABLE.

5220. — Paris. Imprimerie générale de Ch. Lahure, rue de Fleurus, 9.

NOUVELLES PUBLICATIONS

RÉDIGÉES CONFORMÉMENT AUX PROGRAMMES OFFICIELS DE 1866

POUR L'ENSEIGNEMENT SECONDAIRE SPÉCIAL

(Tous les volumes ci-après sont imprimés dans le format in-18 jésus et cartonnés)

LANGUE FRANÇAISE.

Grammaire de l'enseignement secondaire spécial, par M. Sommer. 1 v. 1 fr. 50.

Lectures et dictées, par M. Lelion-Damiens (année préparatoire et 1re année d'enseignement). 3 volumes :
Tome I, à l'usage des contrées agricoles. 1 f. 50.
Tome II, à l'usage des contrées commerciales.
Tome III, à l'usage des contrées industrielles.

Principes de style et de composition, par M. Pellissier, professeur au collége Chaptal et à Sainte-Barbe (2e année d'enseignement). 1 vol.

Morceaux choisis des classiques français, (prose et vers) adaptés au précédent ouvrage. 1 vol. 1 fr. 50 c.

Principes de rhétorique française, par M. Pellissier. (3e année d'enseignement) 1 vol.

Morceaux choisis des classiques français (prose et vers), adaptés au précédent ouvrage. 1 vol.

Textes classiques de la littérature française, extraits des grands écrivains français, avec des notions biographiques et bibliographiques, appréciations littéraires et notes explicatives, par M. Demogeot (3e année d'enseignement). 2 vol. 6 fr.

GÉOGRAPHIE ET HISTOIRE.

Géographie générale de la France, par M. E. Morin, professeur au collége Chaptal et à l'école Turgot (année préparatoire). 1 vol.

Géographie particulière de chacun des 89 départements, par le même auteur. L'étude très-sommaire de chaque département, accompagnée d'une carte, formera un fascicule du même format que la Géographie générale et qui se vendra séparément.

Géographie des cinq parties du monde, par le même auteur (1re année d'enseignement). 1 vol.

Géographie agricole, industrielle, commerciale et administrative de la France et de ses colonies, par le même auteur (2e année d'enseignement). 1 vol.

Géographie commerciale des cinq parties du monde, par le même auteur (3e année d'enseignement). 1 vol.

Simples récits d'histoire de France, par M. Feillet (année préparatoire). 1 vol.

Simples récits des histoires ancienne, grecque, romaine et du moyen âge, par le même auteur (1re année d'enseignement). 1 fort volume.
Chaque histoire séparément, 1 fr. 50 c.

Histoire de la France depuis l'origine jusqu'à la Révolution française, et grands faits de l'histoire moderne de 1453 à 1789, par M. G. Ducoudray (2e année d'enseignement). 1 vol. 3 fr. 50 c.

Histoire de France et histoire générale depuis 1789, par le même auteur (3e année d'enseignement). 1 vol.

Histoire moderne et contemporaine depuis 1643 jusqu'à nos jours (4e année d'enseignement). 1 vol. 4 fr. 50 c.

ARITHMÉTIQUE ET COMPTABILITÉ.

Éléments d'arithmétique, par M. Pichot, (année préparatoire et 1re année d'enseignement). 1 vol.

Cours d'arithmétique commerciale, par M. E. Jeanne, professeur à l'École supérieure de commerce (2e année d'enseignement.) 1 vol. 3 fr.

Éléments de comptabilité, par M. Courcelle-Seneuil (1re, 2e, 3e et 4e années d'enseignement). 4 vol.

ALGÈBRE, GÉOMÉTRIE DESCRIPTIVE TRIGONOMÉTRIE.

Principes d'algèbre, par M. Sonnet, mis en harmonie avec les programmes officiels de l'enseignement secondaire spécial, par M. E. Jeanne (3e et 4e années d'enseignement). 1 v. 2 fr. 50 c.

Cours élémentaire de géométrie descriptive, par M. Kiæs (3e et 4e années d'enseignement). 2 vol., texte et planches, 5 fr.

Notions élémentaires de trigonométrie rectiligne, par M. Bezodis (4e année d'enseignement). 1 vol. 2 fr.

Notions sur les courbes usuelles, par le même auteur (4e année d'enseignement). 1 vol.

HISTOIRE NATURELLE, PHYSIQUE CHIMIE, MÉCANIQUE, COSMOGRAPHIE.

Éléments de zoologie, par M. Gervais, professeur à la faculté des sciences de Paris (année préparatoire, 1re, 2e, 3e et 4e années d'enseignement).

Éléments de botanique, par le même auteur (année préparatoire, 1re, 2e, 3e et 4e années d'enseignement).

Éléments de géologie, par le même auteur (année préparatoire, 1re, 2e, 3e et 4e années d'enseignement).

Éléments de physique, par M. Marié-Davy (1re, 2e, 3e et 4e années d'enseignement). 4 vol.

Éléments de chimie, par M. Dehérain, professeur au collége Chaptal et Tissandier (1re, 2e, 3e et 4e années d'enseignement). 4 vol.

Éléments de mécanique, par M. Marié-Davy (3e année d'enseignement). 1 vol. 3 fr.
La *Mécanique* (4e année d'enseignement) est en préparation.

Éléments de cosmographie, par M. Amédée Guillemin (3e année d'enseignement). 1 vol 3 fr. 50.

LÉGISLATION, MORALE, INDUSTRIE ÉCONOMIE POLITIQUE.

Éléments de législation usuelle, par M. Delacourtie, docteur en droit (3e année d'enseignement). 1 vol.

Éléments de législation commerciale et industrielle, par le même auteur (4e année d'enseignement). 2 vol.

Éléments de morale publique, par M. A. Franck, membre de l'Institut (4e année d'enseignement). 1 vol.

Les grandes inventions scientifiques et industrielles chez les anciens et les modernes, par M. Louis Figuier (4e année d'enseignement). 1 vol. 1 fr. 50 c.

Notions d'économie rurale, industrielle et commerciale, par M. Levasseur, professeur au lycée Napoléon (4e année d'enseignement). 1 vol.

Imprimerie générale de Ch. Lahure, rue de Fleurus, 9, à Paris.

www.ingramcontent.com/pod-product-compliance
Ingram Content Group UK Ltd.
Pitfield, Milton Keynes, MK11 3LW, UK
UKHW021822190726
13853UKWH00003B/1125